KB053326

TOP 30 Greatest Speeches of World Leaders

리더들의
명연설문
베스트 ★ 30

영어발음, 청취력 강화 +
TOEIC 리스닝 & 스피킹 완벽대비

리더들의 명연설문 베스트 30

저 자 강홍식
발행인 고본화
발 행 탑메이드북
교재 제작·공급처 반석출판사
2024년 2월 10일 초판 10쇄 인쇄
2024년 2월 15일 초판 10쇄 발행
홈페이지 www.bansok.co.kr
이메일 bansok@bansok.co.kr
블로그 blog.naver.com/bansokbooks

07547 서울시 강서구 양천로 583. B동 1007호
(서울시 강서구 염창동 240-21번지 우림블루나인 비즈니스센터 B동 1007호)
대표전화 02) 2093-3399 **팩 스** 02) 2093-3393
출 판 부 02) 2093-3395 **영업부** 02) 2093-3396
등록번호 제315-2008-000033호

Copyright ⓒ 강홍식

ISBN 978-89-7172-743-0 (13740)

■교재 관련 문의: bansok@bansok.co.kr을 이용해 주시기 바랍니다.
■이 책에 게재된 내용의 일부 또는 전체를 무단으로 복제 및 발췌하는 것을 금합니다.
■파본 및 잘못된 제품은 구입처에서 교환해 드립니다.

TOP 30 Greatest Speeches of World Leaders

다수의 명연설문 교재를 집필해 오면서 명연설문을 활용하는 것이 독해, 영작, 회화 등에 큰 도움이 된다고 이미 여러 번 강조한 바 있다. 그래서 고급영어 정복을 목표로 하는 독자들에게 또 다시 명연설문의 효용성을 언급하고 싶지 않고, 이번에는 New 명연설문 시리즈인『리더들의 명연설문 베스트 30』의 특징만 간략히 설명하고자 한다.

그동안 필자가 집필했던 명연설문 원고는 주로 세계적으로 유명한 정치인들의 연설을 소재로 활용해 뭔가 허전하고 부족하다는 느낌을 받았었는데 이번에 출간되는 바로 이 책은 정치가, 기업가, 예술가, 인권 운동가들의 명연설을 소재로 했다는 뚜렷한 특징과 강점이 있다. 대통령이나 총리 같은 정치인들의 연설문은 아무래도 정치인 특유의 스피치 스타일이 풍기고, 기업가나 경제 전문가들의 연설문은 내용이나 화법에서 그들 특유의 맛을 풍긴다.

노벨 문학상 수상자 같은 당대 최고의 작가들의 연설문은 처음 한두 문장만으로도 감탄을 자아내며 왜 그들의 작품이 세계 최고의 문학인에게 주는 노벨 문학상을 수상할 수 있었는지를 알게 될 수밖에 없게 만든다. 인권 운동가들의 연설분은 인권 운동가답게 한 문장 한 문장이 그들이 인권 운동가로 활동하면서 겪어 왔던 고초와 희생과 헌신을 보여 주며 마치 그들의 마음으로 쓴 문장들을 읽는 것 같은 기분이 들게 한다.

이 책에는 다양한 분야의 명연설가들의 최고급 명품영어에서 일상생활에서 편하게 활용할 수 있는 자연스러운 영어까지 고루 담겨 있어, 책이 너덜너덜해질 정도로 수십 번 음미한다면 조만간 독자 여러분의 영어실력은 상중하의 상이 아니라 슈퍼 상급에 진입하게 될 것이라고 확신한다.

이제 『리더들의 명연설문 베스트 30』을 마스터해 보겠다는 각오를 행동으로 옮길 때이다. '나도 해봐야지.'라고 말만 하거나 결심만 하지 말고, 결심을 행동으로 옮겨 여러분들이 그토록 소원하던 '유창한 영어구사'라는 결실을 맺기를 진심으로 기원한다.

2014년 6월 15일

Author 강 홍 식

목차

역사상 가장 위대했던 리더들의 명연설문 30개를 선정해 번역과 해설, 주요 어휘를 정리한 책입니다. mp3파일을 들으면서 영문을 함께 읽어 나가면 수준 높은 명문을 감상할 수 있을 뿐 아니라 영어 실력도 동시에 향상시킬 수 있습니다.

리더들의
명연설문
베스트★**30**

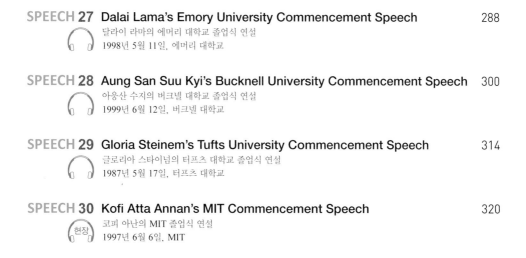
★ 「리더들의 명연설문 베스트 30」의 음원은 현장감을 위해 실제 연사가 연설한 육성음을 추출한 것이므로 원본의 상태에 따라 음질이 고르지 못하거나 소리가 튀는 부분이 간혹 있습니다. 또한 음원이 존재하지 않는 연설은 원어민 성우가 녹음한 음원을 제공합니다. 독자 여러분의 양해 부탁드립니다.

SPEECH
01

President Abraham Lincoln's
Second Inaugural Address

에이브러햄 링컨 대통령의 2기 취임사

1856년 3월 4일, 국회의사당

에이브러햄 링컨(1809~1865)

켄터키 주 시골 통나무집에서 태어나 학교 교육은 1년밖에 받지 못하고 독학으로 변호사가 되었다. 1846년 연방하원의원에 당선되었으며 1856년 노예제도폐지를 표방하며 결성된 공화당에 입당하였다. 남북전쟁을 승리로 이끌고, 1860년 제16대, 1864년 제17대 대통령에 당선되었으나 1865년 4월 14일 워싱턴의 포드 극장에서 연극을 관람하던 중에 남부인 배우에 의해 피격되어 다음 날 사망하였다. 재임 중 그 유명한 게티스버그 연설문의 "국민의, 국민에 의한, 국민을 위한 정부는 이 땅에서 영원히 사라지지 않을 것이다."를 비롯한 불후의 명연설문과 명언을 많이 남겨, 우리나라뿐만 아니라 전 세계적으로 유명한 대통령이다.

대통령에 재선된 링컨은 종전을 한 달여 앞둔 1865년 3월 4일 2기 취임식을 갖는다. 본문은 그날의 취임사이다. 2기 취임사에서 링컨은 전쟁에서의 승리보다는 전쟁 이후 시대의 화해와 재건을 연설의 배경 기조로 잡는다. 연설의 요지는 용서, 화해, 사랑이다. 그러나 링컨은 화해와 재건의 시대를 보지 못하고, 1865년 4월 14일 암살자의 총을 맞는다.

01-01

Fellow Countrymen. At this second appearing to take the oath of the presidential office there is less occasion for an extended address than there was at the first. Then a statement, somewhat in detail, of a course to be pursued seemed fitting and proper. Now, at the expiration of four years, during which public declarations have been constantly called forth on every point and phase of the great contest which still absorbs the attention and engrosses the energies of the nation, little that is new could be presented. The progress of our arms, upon which all else chiefly depends, is as well known to the public as to myself, and it is, I trust, reasonably satisfactory and encouraging to all. With high hope for the future, no prediction in regard to it is ventured.

Check the Vocabulary

oath 맹세, 서약, 선서 | fitting 적절한, 적당한 | call forth 불러내다, 내다 | engross 집중시키다, 몰두시키다 | arms 전투, 무기 | in regard to ~에 관하여

친애하는 국민 여러분. 대통령직 취임선서를 위한 이 두 번째 자리는 첫 취임식 때처럼 긴 연설을 할 상황이 아닙니다. 첫 취임식 때에 저는 우리가 어떤 노선을 추구해야 할지에 대해 다소 자세하게 말할 필요가 있었습니다. 4년이 지난 지금 이 나라의 모든 관심과 에너지는 여전히 남북 전쟁에 집중되고 있습니다만, 4년 동안의 남북 갈등에 관한 모든 문제와 모든 국면들에 관해서는 이미 수많은 공식 발표가 있었기 때문에 제가 지금 새로 드릴 말씀은 별로 없습니다. 지금 모든 것이 전쟁의 진행상황에 달려 있고 그 전황은 저뿐 아니라 전 국민들에게 잘 알려져 있습니다. 현 상황은 우리 모두에게 상당히 만족스럽고 고무적입니다. 우리는 미래에 대해 높은 희망을 갖고는 있지만 어떠한 예측을 한다는 것은 모험입니다.

On the occasion corresponding to this four years ago all thoughts were anxiously directed to an impending civil war. All dreaded it: all sought to avert it. While the inaugural address was being delivered from this place, devoted altogether to saving the Union without war, insurgent agents were in the city seeking to destroy it without war — seeking to dissolve the Union and divide effects by negotiation. Both parties deprecated war, but one of them would make war rather than let the nation survive, and the other would accept war rather than let it perish, and the war came.

One-eighth of the whole population were colored slaves, not distributed generally over the Union, but localized in the southern part of it. These slaves constituted a peculiar and powerful interest. All knew that this interest was somehow the cause of war. To strengthen, perpetuate, and extend this interest was the object for which the insurgents would rend the Union even by war, while the government claimed no right to do more than to restrict the territorial enlargement of it.

Check the Vocabulary

corresponding 일치하는, 상응하는 | **impending** 임박한 | **dread** 두려워하다 | **insurgent** 반란자, 반도 | **effects** 재산, 물건 | **deprecate** 비난하다, 반대하다 | **localize** 국한시키다

4년 전 이맘때 모든 사람들은 내전을 걱정하고 있었습니다. 모두가 전쟁 발발을 두려워했고 모두가 전쟁만은 피하고자 했습니다. 그때 바로 이 자리에서 제가 취임사에서 전쟁이 아닌 방법으로 연방을 지켜야 한다는 확고한 의지를 밝히는 동안에도 이 도시에서는 반란자들이 전쟁 없이 연방을 파괴하는 방안, 즉 연방을 해체하고 협상을 통해 재산을 나누어 가지는 방법을 찾고 있었습니다. 양측 다 전쟁을 반대했습니다. 그러나 한쪽은 연방을 살려 두느니 차라리 전쟁을 일으켜야 한다는 주장이었고, 다른 한쪽은 연방을 없애기보다는 차라리 전쟁을 수용하겠다는 생각이었습니다. 그렇게 해서 남북내전이 발발한 것입니다.

전 인구의 8분의 1이 흑인 노예들입니다. 그들은 이 나라 모든 지역에 분포되어 있는 것이 아니라 남부 지역에 국한되어 있습니다. 노예제도는 특수하고도 강력한 이해관계를 구성하고 있습니다. 이 이해관계가 남북전쟁의 원인이라는 것을 우리 모두 알고 있습니다. 전쟁을 일으켜서라도 연방을 분열시키고 그 이해관계를 강화하고, 영속화하고, 확장하려는 것이 반란자들의 목표였던 반면에 정부는 그 이해관계가 다른 지역으로 확대되는 것을 제한하자는 것 이상의 요구는 하지는 않았습니다.

Check the Vocabulary

constitute 구성하다 | **perpetuate** 영속화하다 | **rend** 찢다, 분리시키다

Neither party expected for the war the magnitude or the duration which it has already attained. Neither anticipated that the cause of the conflict might cease with or even before the conflict itself should cease. Each looked for an easier triumph, and a result less fundamental and astounding. Both read the same Bible and pray to the same God, and each invokes his aid against the other. It may seem strange that any men should dare to ask a just God's assistance in wringing their bread from the sweat of other men's faces, but let us judge not, that we be not judged. The prayers of both could not be answered. That of neither has been answered fully. The Almighty has his own purposes.

If we shall suppose that American slavery is one of those offenses which, in the providence of God, must needs come, but which, having continued through his appointed time, he now wills to remove, and that he gives to both North and South this terrible war as the woe due to those by whom the offense came, shall we discern therein any departure from those divine attributes which the believers in a living God always ascribe to him?

Check the Vocabulary

magnitude 크기, 규모, 중요성 | **duration** 지속 기간 | **astounding** 몹시 놀라게 하는 | **invoke** 빌다, 기원하다 | **aid** 도움, 원조 | **just** 정의로운, 공정한 | **wring** 짜다, 비틀다, 빼앗다

그렇게 해서 일어난 내전이 이처럼 규모가 커지고, 오래 지속되리라고는 어느 쪽도 예상하지 못했습니다. 어느 쪽도 남북전쟁을 초래한 원인이 종전과 함께, 혹은 전쟁 종식 이전에 사라질 것이라고 생각하지 않았습니다. 양측 다 손쉬운 승리를 기대했을 뿐이지 이처럼 근본적이고 놀라운 결과는 생각해 보지 못했습니다. 양측은 모두 같은 성경을 읽고 같은 하느님에게 기도하며 서로 상대방과 싸우는 데 신의 도움을 간절히 바라고 있습니다. 누구든지 다른 사람이 흘린 땀으로 자기 빵을 얻게 해 달라고 감히 정의로운 하느님께 도움을 청한다는 것은 이상한 일입니다만, 우리가 심판받지 않고자 한다면 상대도 심판하지 않도록 합시다. 어느 쪽의 기도도 신의 응답을 받을 수 없습니다. 지금까지 남북 어느 쪽도 신의 응답을 충분히 듣지 못했습니다. 전능하신 하느님은 자신의 목적을 갖고 계십니다.

미국의 노예제도가 바로 그러한 세상의 죄 가운데 하나이고, 신의 뜻대로 이 세상에 있게 마련인 죄의 하나라고 생각한다면, 그러나 신이 지정한 시간 동안 지속된 그 죄를 신께서 이제 거두시고자 한다면, 그리고 그 죄를 짓게 한 자들로 인한 재앙을 응징하고자 신께서 남과 북이 전쟁을 하도록 하시는 것이라면, 살아 계신 하느님 신봉자들이 언제나 그분의 것이라 생각하는 그 신성한 뜻에서 벗어난 다른 어떤 뜻을 우리가 어떻게 헤아릴 수 있겠습니까?

Check the Vocabulary

providence 신의 섭리, 뜻 | woe 재앙, 불행 | discern 분별하다, 깨닫다 | therein 그 안에서 |
divine 신의, 신성의 | attribute 속성, 특질 | ascribe ~에 속하는 것으로 생각하다, ~의 탓으로 돌리다

Fondly do we hope, fervently do we pray, that this mighty scourge of war may speedily pass away. Yet, if God wills that it continue until all the wealth piled by the bondsman's two hundred and fifty years of unrequited toil shall be sunk, and until every drop of blood drawn with the lash shall be paid another drawn with the sword, as was said three thousand years ago, so still it must be said "the judgements of the Lord are true and righteous altogether."

With malice toward none, with charity for all, with firmness in the right as God gives us to see the right, let us strive on to finish the work we are in, to bind the nation's wounds, to care for him who shall have borne the battle and for his widow and his orphan, to do all which may achieve and cherish a just and lasting peace among ourselves and with all nations.

Check the Vocabulary

fondly 경망스럽게도, 다정하게 | **fervently** 열렬하게, 강렬하게 | **scourge** 천벌, 재앙 | **bondsman** 남자 노예 | **unrequited** 보수를 받지 않는, 보답 없는 | **toil** 수고, 고생 | **lash** 채찍 | **Lord** 하느님

이 거대한 재앙의 전쟁이 빨리 끝나기를 우리는 간절히 바라고 열심히 기도합니다. 그러나 보수 없는 노예들을 250년간 혹사해서 얻은 모든 재산이 다 바닥날 때까지, 채찍을 맞아 흘린 피 한 방울 한 방울이 검에 맞아 흘린 피 한 방울 한 방울로 모조리 보상될 때까지 이 전쟁을 계속 치르게 하는 것이 신의 뜻이라면, 3000년 전의 성경 말씀대로 우리는 "하느님은 참으로 진실되고, 올바른 심판을 내리시는 분이다."라고 말해야 할 것입니다.

누구에게도 원한을 품지 않고, 모두를 사랑하는 마음으로, 신께서 우리에게 보게 하신 정의에 대한 굳은 확신을 갖고, 우리에게 당면한 일을 완수하기 위해, 이 나라의 상처를 동여매기 위해 전투의 부담을 짊어져야 하는 사람과 그의 미망인과 고아가 된 아이를 돌보기 위해, 우리들과 모든 나라들과의 정의롭고 지속적인 평화를 이룩하고 소중히 간직하게 될 모든 일을 하기 위해 노력합시다.

Check the Vocabulary

righteous 바른, 공정한 | **malice** 악의, 원한 | **right** 바름, 정도 | **strive** 노력하다, 힘쓰다

SPEECH

02

Barack Obama's
Barnard College
Commencement Speech

버락 오바마의 바너드 대학교 졸업식 연설

2012년 5월 14일, 바너드 대학교

버락 오바마(1961~)

버락 오바마는 1961년 8월 4일 하와이 주 호놀룰루에서 케냐 출신의 흑인 아버지와 캔자스 출신의 백인 어머니 사이에서 태어났다. 두 살 때 부모가 이혼하고, 다섯 살 때 어머니가 인도네시아 출신 유학생과 재혼하면서 어린 시절의 4년을 인도네시아에서 보내게 되는데 어머니의 두 번째 결혼마저 파경을 맞게 된다. 한때 마약에 손대는 등, 불우한 청년시절을 보내기도 했지만, 학업 쪽에서는 하와이의 명문 사립학교 푸나후를 거쳐 뉴욕 소재 컬럼비아 대학에서 정치학을 전공하고, 하버드 법대 대학원에서 법학박사를 취득했다. 하버드 법대 대학원 시절 흑인 최초로 법대 학술지 편집장을 역임하고 하버드 대학 대학원을 수석으로 졸업했다. 1990년대에는 지역 인권변호사로 명성을 높였었고, 1993년부터 2004년까지 시카고 법대에서 인기 강사로서 헌법 과목을 가르치기도 했다. 일리노이 주 상원의원과 연방 상원의원을 거치는 전형적인 정치인 코스를 밟다가 2004년 7월 27일 민주당 전당대회에서 기조 연설자로 나서게 되는 절호의 기회를 놓치지 않고 그날 세기의 명연설을 날리게 된다. 이날 그가 보여준 천재적인 대중연설 능력은 하루아침에 그를 스타로 부상시켰다. 이후 2007년 2월 10일 대선 출마를 선언했으며, 2008년 8월 28일 힐러리 클린턴을 누르고 민주당 대선 후보에 지명되었다. 드디어 2008년 11월 4일 전 세계의 주목을 받으며 232년 미 역사상 최초로 흑인 대통령에 당선되었다. 다음은 재선 대통령 오바마가 바너드 대학교 졸업식에서 사회에서의 여성의 역할을 논하면서 졸업생들에게 여성들의 정치 참여와 본보기의 힘을 과소평가하지 말라고 조언하는 졸업식 연설이다.

02-01

My first piece of advice is this: Don't just get involved. Fight for your seat at the table. Better yet, fight for a seat at the head of the table.

It's been said that the most important role in our democracy is the role of citizen. And indeed, it was 225 years ago today that the Constitutional Convention opened in Philadelphia, and our founders, citizens all, began crafting an extraordinary document. Yes, it had its flaws — flaws that this nation has strived to protect over time. Questions of race and gender were unresolved. No woman's signature graced the original document — although we can assume that there were founding mothers whispering smarter things in the ears of the founding fathers. I mean, that's almost certain.

What made this document special was that it provided the space — the possibility — for those who had been left out of our charter to fight their way in. It provided people the language to appeal to principles and ideals that broadened democracy's reach. It allowed for protest, and movements, and the dissemination of new ideas that would repeatedly, decade after decade, change the world — a constant forward movement that continues to this day.

Check the Vocabulary

better yet 더욱 좋다 | **constitutional convention** 헌법제정회의 | **craft** 정교하게 만들다 | **over time** 오랜 시간에 걸쳐서, 시간이 흐르면서 | **left out of** ~에서 제외되다, 누락되다

저의 첫 번째 조언은 이것입니다: 여러분이 관심을 갖는 일에 그냥 참여만 하지 마시고, 관심사안에 대해서 결정을 내리는 데 일조할 수 있는 협상 테이블에 앉도록 노력하십시오. 상석에 앉아 최종 결정을 내릴 수 있는 위치까지 가면 더욱 좋고요.

우리의 민주주의에서 가장 중요한 역할은 시민의 역할이라는 말이 있습니다. 실제로 헌법제정회의가 필라델피아에서 열리고, 우리나라의 건국자들과 시민들 모두가 대단한 문서를 정교하게 만든 것은 225년 전 오늘이었습니다. 그래요. 그 문서에는 결함들 - 이 나라가 오랜 시간에 걸쳐 완벽하게 만들려고 노력했던 결함들이 있습니다. 인종과 남녀 성 문제들은 해결되지 않았습니다. 그 원본을 아름답게 장식해 줄 수 있는 여성의 서명은 없었습니다만 - 우리는 건국의 아버지들의 귀에 보다 현명한 말들을 속삭인 건국의 어머니들이 계셨을 것이라고 추측할 수 있습니다. 그건 거의 확실합니다.

이 문서를 특별하게 만든 것은 그것이 우리의 선언문에서 배제되었던 사람들이 분투하고 노력해 나가면서 그 선언문에 포함될 공간을, 그리고 가능성을 마련해 놓았다는 것입니다. 그것은 사람들에게 원칙과 이상에 호소하여 민주주의가 미치는 범위를 확대시키는 방법을 제공해 주었습니다. 그것은 항의와 운동 그리고 10년이 지나고 20년이 지나도 반복해서 세계를 변화시키게 될 새로운 사상의 보급 - 오늘날까지도 계속되는 변함없는 진보 촉진 운동을 가능하게 해 주었습니다.

Check the Vocabulary

charter 헌장, 선언 | **dissemination** 보급, 유포

Our founders understood that America does not stand still; we are dynamic, not static. We look forward, not back. And now that new doors have been opened for you, you've got an obligation to seize those opportunities.

You need to do this not just for yourself but for those who don't yet enjoy the choices that you've had, the choices you will have. And one reason many workplaces still have outdated policies is because women only account for 3 percent of the CEOs at Fortune 500 companies. One reason we're actually refighting long-settled battles over women's rights is because women occupy fewer than one in five seats in Congress.

Now, I'm not saying that the only way to achieve success is by climbing to the top of the corporate ladder or running for office — although, let's face it, Congress would get a lot more done if you did. That I think we're sure about. But if you decide not to sit yourself at the table, at the very least you've got to make sure you have a say in who does. It matters.

Check the Vocabulary

dynamic 역동적인 | **static** 정적인, 정지된 | **seize** (기회를) 포착하다 | **account for** ~을 차지하다 | **long-settled** 오랫동안 해결되어 온 | **corporate ladder** 기업의 승진 단계

우리의 건국자들은 미국이 가만히 서 있지 않는다는 것을 이해했습니다. 우리는 역동적입니다. 정지 상태에 있지 않습니다. 우리는 앞을 봅니다. 뒤를 보지 않습니다. 그리고 이제 여러분에게 새로운 문이 열려 있기에 여러분은 그러한 기회를 잡아야 할 의무가 있습니다.

여러분은 여러분 자신들을 위해서뿐만 아니라 여러분이 이미 가졌고 또 가지게 될 이 선택의 기회들을 아직 누리지 못하는 사람들을 위해서 이 일을 해야 합니다. 그리고 많은 직장들이 여전히 시대에 뒤떨어진 정책들을 갖고 있는 한 가지 이유는 『포춘 500』 잡지에 나와 있듯이 회사에서 여성들이 차지하고 있는 최고 경영자 비율이 불과 3%밖에 되지 않기 때문입니다. 우리가 실제로 여성들의 권리들에 대하여 오래전에 해결한 문제에 대해 다시 싸우는 한 가지 이유는 의회에서 여성의원들이 차지하는 수가 5분의 1도 안 되기 때문입니다.

저는 지금 성공을 성취하는 유일한 방법이 기업의 승진 단계에서 최고의 자리까지 오르거나 공직에 출마하는 것이라고 말하는 것이 아닙니다. 그렇지만, 현실을 직시합시다. 여러분이 하신다면, 의회는 많은 일을 더 해낼 것입니다. 저는 그것에 대해 확신합니다. 그러나 여러분이 테이블에 앉지 않기로 한다면, 적어도 누가 하는지에 대해 참견할 권리가 있어야 합니다. 그게 중요해요.

Check the Vocabulary

run for ~에 출마하다 **let's face it** 현실을 직시하자 | **have a say** ~에 발언권이 있다

Before women like Barbara Mikulski and Olympia Snowe and others got to Congress, just to take one example, much of federally-funded research on diseases focused solely on their effects on men. It wasn't until women like Patsy Mink and Edith Green got to Congress and passed Title IX, 40 years ago this year, that we declared women, too, should be allowed to compete and win on America's playing fields. Until a woman named Lilly Ledbetter showed up at her office and had the courage to step up and say, you know what, this isn't right, women weren't being treated fairly — we lacked some of the tools we needed to uphold the basic principle of equal pay for equal work.

So don't accept somebody else's construction of the way things ought to be. It's up to you to right wrongs. It's up to you to point out injustice. It's up to you to hold the system accountable and sometimes upend it entirely. It's up to you to stand up and to be heard, to write and to lobby, to march, to organize, to vote. Don't be content to just sit back and watch.

Check the Vocabulary

federally-funded 연방정부 기금으로 운영되는 | **uphold** 지키다, 존중하다 | **right** 바로 잡다 | **hold ~ accountable** 책임이 ~에게 있다고 하다 | **upend** 뒤엎다 | **content** 만족한

예를 하나 든다면, 바바라 미쿨스키와 올림피아 스노우와 다른 여성들이 의원이 되기 전에, 연방정부기금으로 운영되는 질병 연구의 대부분은 오로지 남성들에 미치는 영향에 초점을 맞췄습니다. 여성들 역시 미국의 경기장에서 경쟁하고 승리할 수 있어야 한다고 우리가 분명히 밝히는 것은 40년 전에 팻시 밍크와 이디스 그린이 의회에 들어와 타이틀 나인을 통과시키고 나서야 가능했습니다. 릴리 레드베터라고 하는 한 여성이 그녀의 사무실에 나타나 "있잖아요, 이건 잘못된 겁니다."라고 용기 있게 말할 때까지 여성들은 공평한 대우를 받지 못했습니다. 우리에게는 동일 노동에 동일 임금이라는 기본 원칙을 지키기 위해 우리가 필요로 한 일부 도구들이 부족했던 겁니다.

그러니 다른 누군가가 당연한 방법을 만드는 것을 받아들이지 마십시오. 잘못을 바로잡는 일은 여러분에게 달려 있습니다. 부정을 지적하는 것은 여러분에게 달려 있습니다. 책임을 제도에 뒤집어씌우고 때로는 그것을 완전히 뒤엎는 것은 여러분에게 달려 있습니다. 일어나서 의견을 주장하고, 글로 쓰고, 로비 활동을 하고, 행진하고, 조직하고, 투표권을 행사하는 것은 여러분에게 달려 있습니다. 그냥 편히 앉아 보기만 하는 것에 만족하지 마세요.

02-04

Those who oppose change, those who benefit from an unjust status quo, have always bet on the public's cynicism or the public's complacency. Throughout American history, though, they have lost that bet, and I believe they will this time as well. But ultimately, Class of 2012, that will depend on you. Don't wait for the person next to you to be the first to speak up for what's right. Because maybe, just maybe, they're waiting on you.

Which brings me to my second piece of advice: Never underestimate the power of your example. The very fact that you are graduating, let alone that more women now graduate from college than men, is only possible because earlier generations of women — your mothers, your grandmothers, your aunts — shattered the myth that you couldn't or shouldn't be where you are.

I think of a friend of mine who's the daughter of immigrants. When she was in high school, her guidance counselor told her, "You know what, you're just not college material. You should think about becoming a secretary." Well, she was stubborn, so she went to college anyway. She got her master's. She ran for local office, won. She ran for state office, she won. She ran for Congress, she won. And lo and behold, Hilda Solis did end up becoming a secretary. She is America's Secretary of Labor.

Check the Vocabulary

unjust 부당한 | **status quo** 현재의 상태 | **cynicism** 냉소 | **complacency** 안일한 태도 | **wait on** 시중을 들다 | **let alone** ~은 말할 것도 없이 | **shatter** 산산이 부수다, 박살내다, 분쇄하다

변화를 반대하는 사람들, 부당한 현상유지로 이득을 보는 사람들은 늘 대중의 냉소나 안일한 태도에 돈을 걸었습니다. 하지만 미국의 전 역사를 통틀어 그들은 내기에서 졌습니다. 그래서 저는 그들이 이번에도 패배할 것이라고 믿습니다. 2012년도 졸업생 여러분, 결국 그것은 여러분에게 달려 있습니다. 여러분 옆에 있는 사람이 옳은 일을 위해 목소리를 높이는 첫 번째 사람이 되기를 기다리지 마십시오. 왜냐하면 아마도 그들은 여러분이 당신의 권리를 위해 소리를 높이기를 기다리고 있는 것일지도 모르기 때문입니다.

자, 이제 저의 두 번째 조언을 말씀드리겠습니다. 여러분의 본보기의 힘을 결코 과소평가하지 마십시오. 요즈음 남자들보다 더 많은 여성들이 대학을 졸업한다는 것은 말할 것도 없고 여러분이 대학을 졸업한다는 바로 이 사실은 이전의 여성 세대들이 – 여러분의 어머니, 할머니, 고모와 이모들이 – 여러분은 여러분이 지금 있는 곳에 있을 수도 없고, 있어서는 안 된다는 통념을 산산조각 내었기에 가능한 것입니다.

저는 이민자의 딸인 제 친구를 생각합니다. 그녀가 고등학교를 다닐 때, 그녀의 진로 상담자가 그녀에게 "대학은 너한테 안 어울리니까 비서(secretary)가 되는 걸 생각해봐야 해."라고 말했다고 합니다. 글쎄요, 그녀는 불굴의 의지를 가진 사람이라 어쨌든 대학을 나오고, 석사학위도 따고, 지방의 공직에 출마해서 당선되었고, 주 정부공직에 출마하여 당선되었고, 하원에 출마하여 당선되었습니다. 놀라지 마십시오. 힐다 솔리스는 결국 장관(secretary)이 되었습니다. 그녀는 미국의 노동부 장관입니다.

Check the Vocabulary

guidance counselor 학습지도 카운슬러 | **lo and behold** 자, 보시라

So think about what that means to a young Latina girl when she sees a Cabinet secretary that looks like her. Think about what it means to a young girl in Iowa when she sees a presidential candidate who looks like her. Think about what it means to a young girl walking in Harlem right down the street when she sees a U.N. ambassador who looks like her. Do not underestimate the power of your example.

This diploma opens up new possibilities, so reach back, convince a young girl to earn one, too. If you earned your degree in areas where we need more women — like computer science or engineering, reach back and persuade another student to study it, too. If you're going into fields where we need more women, like construction or computer engineering — reach back, hire someone new. Be a mentor. Be a role model.

Check the Vocabulary

cabinet secretary 각료 | **convince** 납득시키다 | **mentor** 조언자

그러므로 자신과 닮아 보이는 각료를 볼 때 그것이 라틴계 소녀에게 어떤 의미인지 생각해 보세요. 자신과 닮아 보이는 대통령 후보를 볼 때 그것이 아이오아의 어린 소녀에게 어떤 의미인지 생각해 보세요. 자신과 닮아 보이는 UN 대사를 볼 때 그것이 바로 할렘 거리를 걷고 있는 어린 소녀에게 어떤 의미인지 생각해 보세요. 여러분의 본보기의 힘을 과소평가하지 마세요.

이 졸업장은 새로운 가능성을 열어 줍니다. 그러니까 여러분도 어린 소녀에게 학위를 딸 수 있다는 확신을 주세요. 여러분이 컴퓨터 공학이나 기술같이 우리가 더 많은 여성들을 필요로 하는 분야에서 학위를 얻는다면 또 다른 학생이 그것을 공부하도록 설득도 해 보세요. 여러분이 건설이나 컴퓨터 공학같이 우리가 더 많은 여성들을 필요로 하는 분야로 진출한다면 – 새로운 사람을 채용하려고 노력해 보세요. 조언자가 되세요. 모범이 되는 사람이 되세요.

Check the Vocabulary

Until a girl can imagine herself, can picture herself as a computer programmer, or a combatant commander, she won't become one. Until there are women who tell her, ignore our pop culture obsession over beauty and fashion and focus instead on studying and inventing and competing and leading, she'll think those are the only things that girls are supposed to care about. Now, Michelle will say, nothing wrong with caring about it a little bit. You can be stylish and powerful, too. That's Michelle's advice.

And never forget that the most important example a young girl will ever follow is that of a parent. Malia and Sasha are going to be outstanding women because Michelle and Marian Robinson are outstanding women. So understand your power, and use it wisely.

Check the Vocabulary

combatant commander 군 사령관 | **ignore** 무시하다 | **pop culture** 대중문화 | **obsession** 집착, 강박관념 | **care about** 관심을 갖다 | **stylish** 멋진 | **outstanding** 뛰어난, 훌륭한

한 소녀가 자신을 컴퓨터 프로그래머 또는 군사령관이라고 상상하고 마음속에 그릴 수 있어야 컴퓨터 프로그래머나 군사령관이 될 것입니다. 그녀에게 우리의 미와 패션에 대한 대중 문화 집착을 무시하라고 말해 주는 여성들이 있어야만, 대신에 학업과 발명과 경쟁과 선도에 집중하라고 말해 주는 여성들이 있어야만, 그녀는 그런 것들이 소녀들이 관심을 가져야 하는 유일한 것들이라고 생각하지 않을 것입니다. 이제 미셸은 그런 것에 조금 관심을 갖게 되는 것은 아무런 문제가 없다고 말할 것입니다. 여러분도 멋지면서 힘 있는 사람이 될 수 있습니다. 그게 미셸의 조언이에요.

어린 소녀가 따르게 될 가장 중요한 본보기는 부모의 본보기임을 절대로 잊지 맙시다. 말리아와 사샤는 훌륭한 여성이 될 겁니다. 미셸과 마리안 로빈슨이 훌륭한 여자이기 때문이지요. 그러니까 여러분의 힘을 아시고 그 힘을 현명하게 사용하세요.

SPEECH

03

Barack Obama's
Knox College Commencement Speech

버락 오바마의 녹스 대학교 졸업식 연설

2005년 6월 4일, 녹스 대학교

버락 오바마(1961~)

버락 오바마는 하와이의 명문 사립학교 푸나후를 거쳐 뉴욕 소재 컬럼비아 대학에서 정치학을 전공하고, 하버드 법대 대학원에서 법학박사를 취득했다. 하버드 법대 대학원 시절 흑인 최초로 법대 학술지 편집장을 역임하고 하버드 대학 대학원을 수석으로 졸업했다. 1990년대에는 지역 인권변호사로 명성을 날렸다. 일리노이 주 상원의원과 연방 상원의원을 거쳐 2007년 2월 10일 대선 출마를 선언했으며, 2008년 8월 28일 힐러리 클린턴을 누르고 민주당 대선 후보에 지명되었다. 드디어 2008년 11월 4일 전 세계의 주목을 받으며 232년 미 역사상 최초로 흑인 대통령에 당선되었다. 전임 대통령의 강경한 외교 노선에서 선회하여 평화와 협력을 증진시키기 위해 노력한 것을 인정받아 2009년에는 노벨 평화상을 수상하였다. 2012년에는 재선에 성공하였다. 다음은 오바마가 상원의원 재직 시절에 녹스 대학교에서 행한 졸업축사이다.

03-01

As Tom Friedman points out in his new book, The World Is Flat, over the last decade or so, these forces — technology and globalization — have combined like never before. So that while most of us have been paying attention to how much easier technology has made our own lives — sending e-mails back and forth on our blackberries, surfing the Web on our cell phones, instant messaging with friends across the world — a quiet revolution has been breaking down barriers and connecting the world's economies. Now business not only has the ability to move jobs wherever there's a factory, but wherever there's an Internet connection.

Countries like India and China realized this. They understand that they no longer need to be just a source of cheap labor or cheap exports. They can compete with us on a global scale. The one resource they needed were skilled, educated workers. So they started schooling their kids earlier, longer, with a greater emphasis on math and science and technology, until their most talented students realized they don't have to come to America to have a decent life — they can stay right where they are.

Check the Vocabulary

decent life 남부럽잖은 삶, 사람다운 삶톰 프리드먼이 그의 신작 『세계는 평평하다』에서 지적하고 있듯이, 지난 10년 정도 이러한 힘들, 즉 기술과 세계화는 이전과는 전혀 다른 모습으로 결합했습니다. 그래서 우리 대부분이 기술이 우리의 삶을 얼마나 편리하게 해 주었는지에 정신을 쏟는 동안, 다시 말해 블랙베리로 이메일을 보내거나 휴대전화로 인터넷을 검색하거나 세계 도처에 있는 친구들과 메신저로 대화하는 것에 정신을 쏟는 동안, 조용한 혁명이 장벽을 무너뜨리고 세계의 경제권들을 연결시켰습니다. 현재 기업은 공장이 있는 곳뿐만 아니라 인터넷이 연결되는 곳이라면 어디라도 일터를 이전할 수 있습니다.

인도와 중국과 같은 나라들은 이것을 실현하고 있습니다. 그들은 더 이상 값싼 노동력이나 값싼 수출품의 원천일 필요가 없다는 사실을 알고 있습니다. 그들은 우리와 세계적 수준에서 경쟁할 수 있습니다. 그들이 필요로 하는 자원은 숙련된 높은 교육 수준의 노동자입니다. 그래서 그들은 어린이들을 더 일찍, 더 오래 교육하고 특히 수학과 과학, 기술 부분에 더 중점을 두고 교육해서 재능 있는 학생들이 그럴듯한 삶을 영위하기 위해 반드시 미국으로 갈 필요 없이 그냥 그곳에 있어도 된다는 것을 깨닫도록 합니다.

The result? China is graduating four times the number of engineers that the United States is graduating. Not only are those Maytag employees competing with Chinese and Indian and Indonesian and Mexican workers, you are too. Today, accounting firms are e-mailing your tax returns to workers in India who will figure them out and send them back to you as fast as any worker in Illinois or Indiana could.

When you lose your luggage in Boston at an airport, tracking it down may involve a call to an agent in Bangalore, who will find it by making a phone call to Baltimore. Even the Associated Press has outsourced some of their jobs to writers all over the world who can send in a story at a click of a mouse.

As Prime Minister Tony Blair has said, in this new economy, "Talent is the 21st century wealth." If you've got the skills, you've got the education, and you have the opportunity to upgrade and improve both, you'll be able to compete and win anywhere. If not, the fall will be further and harder than it ever was before.

Check the Vocabulary

tax return 납세 신고서 | **outsource** 외부에 위탁하다

결과는요? 중국에서는 미국보다 네 배 많은 엔지니어들이 대학을 졸업합니다. 메이 텍에서 일하는 사람들만 중국과 인도와 인도네시아나 멕시코의 노동자들과 경쟁하는 것이 아닙니다. 여러분도 같은 처지입니다. 오늘날 회계법인들은 여러분의 납세신고 서를 인도에 있는 근로자들에게 이메일로 보내는데, 그곳에서 일하는 사람들은 그걸 계산한 후 결과물을 일리노이 주나 인디애나 주에서 일하는 사람만큼이나 빨리 보내 올 것입니다.

보스턴의 한 공항에서 짐을 잃어버렸다면 그것을 찾는 과정에서 여러분은 인도 벵갈 루루에 있는 사람에게 전화를 하게 될 것인데, 그 사람은 볼티모어로 전화를 함으로 써 짐을 찾을 것입니다. AP통신사조차 일자리 중 일부를 세계 도처의 작가들에게 외 주를 주어서 마우스 클릭 한 번에 이야기 하나를 보내올 수 있도록 했습니다.

토니 블레어 총리가 말했듯이 신경제하에서 '재능은 21세기의 부'입니다. 만약 여러 분이 기술을 지녔다면, 교육을 받았다면, 그리고 그 둘을 향상시킬 수 있는 기회를 얻 는다면, 여러분은 어디에서든 경쟁에서 승리할 수 있을 것입니다. 만약 그렇지 않다 면, 실패란 이전과는 다르게 훨씬 심각하게 다가올 것입니다.

Check the Vocabulary

SPEECH
04

Hillary Clinton's
Ewha Womans University Speech

힐러리 클린턴 전 미 국무장관의 이화여대 연설

2009년 2월 20일, 이화여자대학교

힐러리 클린턴(1947~)

일리노이 주 시카고 출신의 힐러리 클린턴은 웰슬리 대학과 예일 법대를 나오고 예일 대학교에서 법학박사 학위를 취득한 정치인으로서, 미 국무부 장관을 역임하였다. 1993년~2001년 동안 제42대 미 대통령을 지낸 빌 클린턴의 부인으로, 남편의 대통령 재직 중 활발히 활동하며 세계적으로 관심을 모았다. 남편의 대통령 임기 말인 2000년 연방 상원의원으로 선출되어 2001년부터 국무장관으로 임명된 2009년까지 재직하였다. 민주당의 유력한 2008년 대선 후보였으나, 그해 6월 3일 경선에서 버락 오바마에게 간발의 차로 패배했다. 오바마의 대통령 당선 직후 국무부 장관으로 지명되었다. 각종 여론조사에서 여성들이 가장 본받고 싶어 하는 인물 중 한 사람으로 꼽히는 그녀는 변호사 출신답게 달변가이다. 다음은 2009년 2월 20일 한국의 이화여대를 방문하여 타운홀 미팅식(연설 후 학생들의 질문에 클린턴이 답변하는 자유토론식)으로 진행된 연설이다.

More than half a century ago, this university became the first to prepare women for professions that were formerly reserved for men, including medicine, law, science, and journalism. At about the same time, your government wrote women's equality into your constitution and guaranteed protections for women in employment. And there have been other rights and protections for women encoded in Korean law in subsequent decades.

These advances coincided with Korea's transformation from an undeveloped nation to a dynamic democracy, a global economic power, and a hub of technology and innovation. The inclusion of women in the political and economic equation, calling on those talents and contributions from the entire population, not just the male half, was essential to the progress that this country has made.

50여 년 전에 이 대학은 의학, 법, 과학, 언론 등 과거에는 남성들의 전유물이었던 전문직에 여성들을 준비시킨 최초의 대학이 되었습니다. 거의 동시에 여러분의 정부는 헌법에 여성의 평등을 명시했으며 고용 시 여성의 보호를 보장했습니다. 이후 수십 년간 여성들을 위한 다른 권리와 보호가 한국 법에 명시되어 왔습니다.

이러한 진보는 한국이 미개발국에서 역동적인 민주주의 국가로, 세계적인 경제 강국으로, 기술과 혁신의 중심지로 탈바꿈하는 것과 동시에 일어났습니다. 남성들 절반만이 아닌 전 국민의 재능과 기여를 촉구하면서 정치적, 경제적 위상에 여성들을 포함시킨 것은 이 나라의 발전에 매우 중요했습니다.

Check the Vocabulary

Today, I've come to this great women's university to hear your thoughts about the future. The other night in Tokyo, I had the privilege to listen to students at Tokyo University, and I came away not only impressed by their intelligence and the quality of their questions, but encouraged by their concern about the future that lay ahead and what each of them wanted to do to make it better.

Today, I've held bilateral meetings with your president, your prime minister, and your foreign minister. We have discussed issues like the need to continue the Six-Party Talks to bring about the complete and verifiable denuclearization in North Korea, and how we can better coordinate not only between ourselves, but regionally and globally, on the range of issues that confront us. But in each meeting, we took time to reflect about how far this country has come.

Check the Vocabulary

bilateral 쌍방의, 쌍무적인 | **verifiable** 증명할 수 있는

오늘 저는 미래에 대한 여러분의 생각을 듣기 위해 명문 이화여대에 왔습니다. 저는 요전에 도쿄에서 도쿄대 학생들의 생각을 들을 특권을 가졌습니다. 저는 학생들의 지성과 질문 수준에 깊은 인상을 받았을 뿐만 아니라 앞에 놓인 미래에 대한 그들의 우려와 그들 각자 더 나은 미래를 만들기 위해 하고자 하는 일에 고무되어 떠났습니다.

오늘 저는 여러분의 대통령, 국무총리, 외교통상부 장관과 양자회담을 가졌습니다. 우리는 북한의 완전하고 검증할 수 있는 비핵화를 위해 6자회담이 계속될 필요성과 우리가 직면한 다양한 문제들에 대해 양국 간뿐만 아니라 지역적으로 세계적으로 더 잘 조율할 수 있는 방법 같은 사안들을 논의했습니다. 하지만 이 모든 회동에서 우리는 한국이 얼마나 멀리 왔는지 회고해 보는 시간을 가질 수 있었습니다.

Back in the early 1960s, there were a series of studies done where different groups were looking at nations around the world, trying to calculate which ones would be successful at the end of the 20th century. And many commentators and analysts thought that the chances for the Republic of Korea were limited. But that wasn't the opinion of the people of Korea. And so for 50 years, you have built a nation that is now assuming a place of leadership in the world, respected for the vibrant democracy, for the advances across the board in every walk of life. And it is a tribute to your understanding of what it takes to make progress at a time of peril and uncertainty.

Students here at Ewha have a long and proud tradition of engagement with the world. And you have the talent and the training to help shape that world. It may not be always obvious what you can do to make a difference, so do what you love. Do what gives you meaning. Do what makes life purposeful for you. And make a contribution.

Check the Vocabulary

---

assume a place of ~의 자리를 맡다 | **vibrant** 활기찬 | **in every walk of life** 사회 각 방면에서 |
be a tribute to ~의 훌륭함을 실증하다

1960년대 초 일련의 연구들이 시행되었습니다. 이러한 연구에서 여러 기관들은 전 세계 국가들을 조사해서 20세기 말에 어느 나라들이 성공할 것인가 평가하려고 했습니다. 많은 논평가들과 분석가들은 대한민국의 가능성이 한정되었다고 생각했습니다. 하지만 그건 한국 국민들의 생각이 아니었습니다. 그리고 50년 동안 여러분은 현재 활기찬 민주주의와 사회 각 방면의 전반적인 발전으로 존경받으며 리더의 자리를 맡고 있는 국가를 건설했습니다. 이것은 위험하고 불확실한 시대에 발전의 조건을 이해했다는 증거입니다.

이곳 이화여대 학생들에게는 세계에 참여하는 오랜 자랑스러운 전통이 있습니다. 그리고 여러분은 그러한 세상을 만드는 데 일조할 수 있는 재능을 갖고 있고 교육을 받았습니다. 두각을 나타내기 위해 여러분이 할 수 있는 일이 무엇인지 항상 확실하지는 않을 수 있습니다. 그러니까 여러분이 사랑하는 일을 하세요. 여러분에게 의미를 부여하는 일을 하세요. 여러분의 인생을 의미 있게 만드는 일을 해서 기여를 하십시오.

Check the Vocabulary

04-04

I don't know that Mary Scranton, who founded this university teaching one student in her home, could have ever dreamed of where we would be today. But that's often the way life is. I never could have dreamed that I could be here as the Secretary of State of the United States either. You have to be willing to prepare yourselves and as you are doing to take advantage of the opportunities that arise, to find cooperative ways to work with others to promote the common good, and then follow your dreams. You may not end up exactly where you started out heading toward, but with your education and with the opportunities now available in your country, there is so much that you can do. And I know that you will be well-equipped to make your contribution that will contribute to the peace and prosperity and progress and security, not only of Korea, but of the region and the world that needs and is waiting for your talents.

Thank you all and God bless you.

Check the Vocabulary

common good 공익

저는 자신의 집에서 학생 한 명을 가르치던 메리 스크랜턴 여사가 이 대학을 설립하면서 오늘날의 우리를 상상할 수 있었다고 생각하지 않습니다. 그러나 가끔 그런 일이 발생하는 게 인생입니다. 저도 미 국무장관이 되어 이 자리에 설 수 있을 것이라고 상상해 보지 못했으니까요. 여러분은 기꺼이 여러분 자신을 준비시켜야 합니다. 그리고 여러분이 자신에게 오는 기회를 잡으려고 하는 것처럼, 공익을 증진시키기 위해 다른 사람들과 일하며 협력하는 방법을 찾으세요. 그리고 꿈을 펼치세요. 여러분은 목표지점에 정확히 도달하지 못할 수도 있습니다. 하지만 여러분이 받은 교육과 지금 한국에서 이용 가능한 기회를 활용한다면 여러분이 할 수 있는 일은 아주 많습니다. 저는 여러분이 소양을 잘 갖춰 한국뿐만 아니라 여러분의 재능을 필요로 하고 기다리는 지역과 세계에서 평화, 번영, 진보 및 안보에 기여할 수 있을 것이라는 것을 압니다.

여러분 감사합니다. 신의 축복이 있기를 기원합니다.

SPEECH

05

Al Gore's
Nobel Peace Prize Speech

앨 고어의 노벨 평화상 수상 소감

2007년 12월 10일, 노르웨이 오슬로

앨 고어(1948~)

미국의 정치인으로, 45번째(제52-53대) 미국 부통령(1993~2001)을 지냈다. 현재 미국의 방송국 커런트 TV의 사장, 제너레이션 인베스트먼트 매니지먼트 회장, 애플 컴퓨터의 사외 이사, 구글 비공식 자문 역을 맡고 있으며 기후 보호 동맹(Alliance for Climate Protection) 회장이기도 하다. 하버드 대학에서 행정학을 전공한 앨 고어는 밴더빌트 대학교 로스쿨을 졸업하고 베트남 전쟁 종군 기자, 지역 신문의 기자로 일하다가 테네시 주 미국 연방 상원의원이었던 아버지를 뒤이어 1977년에 테네시 제4지역 미국 연방 하원의원으로 정계에 입문하였으며 1985년부터 부통령에 취임한 1993년까지 미국 연방 상원의원(테네시 주)을 지냈다. 2006년 지구온난화에 관한 다큐멘터리 영화 '불편한 진실'에 출연하였고 동명의 책을 써서 출판(한국어: 좋은생각, 2006)하기도 하였다. 2007년 고어는 지구온난화와 그에 따른 환경파괴의 위험성을 환기시킨 데 대한 공로로 기후 변화에 관한 정부 간 패널(IPCC)과 함께 노벨 평화상을 수상하였다. 자, 그럼 정치인에서 환경 운동가 및 환경보호 전도사로 변신한 앨 고어의 노벨 평화상 수상 소감을 들어 볼까요?

Sometimes, without warning, the future knocks on our door with a precious and painful vision of what might be. One hundred and nineteen years ago, a wealthy inventor read his own obituary, mistakenly published years before his death. Wrongly believing the inventor had just died, a newspaper printed a harsh judgment of his life's work, unfairly labeling him "The Merchant of Death" because of his invention — dynamite. Shaken by this condemnation, the inventor made a fateful choice to serve the cause of peace.

Seven years later, Alfred Nobel created this prize and the others that bear his name.

Seven years ago tomorrow, I read my own political obituary in a judgment that seemed to me harsh and mistaken — if not premature. But that unwelcome verdict also brought a precious if painful gift: an opportunity to search for fresh new ways to serve my purpose.

Unexpectedly, that quest has brought me here. Even though I fear my words cannot match this moment, I pray what I am feeling in my heart will be communicated clearly enough that those who hear me will say, "We must act."

Check the Vocabulary

obituary 사망기사 | **cause** 대의, 목표 | **premature** 시기상조의, 조급한 | **unwelcome** 달갑지 않은 | **verdict** 평결, 판정 | **quest** 탐색, 추구

때로 미래는 아무런 경고 없이 소중하고 고통스러운 비전을 가지고 우리의 문을 두드립니다. 119년 전, 한 부유한 발명가는 그가 사망하기 수년 전에 실수로 실린 자신의 사망기사를 읽었습니다. 그 발명가가 얼마 전 사망한 것으로 잘못 알고 있던 한 신문은 그의 발명품 ─ 다이너마이트 ─ 때문에 '죽음의 상인'이라고 부당하게 낙인찍으며 그의 필생의 업적을 가혹하게 심판하는 기사를 실었습니다. 이 비난에 충격을 받은 그 발명가는 평화라는 대의를 위한 운명적인 선택을 했습니다.

7년 후, 알프레드 노벨은 자신의 이름을 딴 이 노벨 평화상과 다른 상들을 제정했습니다.

7년 전 내일, 저는 성급하지 않았다 할지라도 제겐 가혹하고 잘못된 것으로 보인 한 판결문에서 저 자신의 정치적 사망 기사를 읽었습니다. 하지만 달갑지 않은 그 평결은 또한 고통스럽지만 귀중한 선물을 가져다주었습니다. 저의 목표 달성에 도움이 되는 신선한 방법을 찾을 기회를 말입니다.

뜻밖에도 그 추구가 저를 이 자리에 서게 했습니다. 제 말이 이 순간에 어울리지 않을 수 있다는 두려움도 있지만 제가 마음속으로 느끼고 있는 것이 아주 분명하게 전달되어 제 말을 들으시는 분들이 "우리는 행동해야 합니다."라고 말씀하시게 되기를 기도합니다.

Check the Vocabulary

Last September 21, as the Northern Hemisphere tilted away from the sun, scientists reported with unprecedented alarm that the North Polar ice cap is, in their words, "falling off a cliff." One study estimated that it could be completely gone during summer in less than 22 years. Another new study, to be presented by U.S. Navy researchers later this week, warns it could happen in as little as 7 years. Seven years from now.

In the last few months, it has been harder and harder to misinterpret the signs that our world is spinning out of kilter. Major cities in North and South America, Asia and Australia are nearly out of water due to massive droughts and melting glaciers. Desperate farmers are losing their livelihoods.

Check the Vocabulary

tilt 기울다, 비스듬해지다 | alarm 경보 | ice cap 극지방 만년설, 빙하 | kilter 정상 상태, 순조 |
massive 강력한, 심각한 | drought 가뭄

지난 9월 21일 북반구가 태양으로부터 기울어졌을 때, 과학자들은 유례가 없는 경각심을 가지고 북극 빙원이, 그들의 말에 의하면, 한 절벽에서 떨어지고 있다고 발표했습니다. 한 연구는 채 22년도 안 돼서 여름 중에 그 빙원이 완전히 사라질 수 있다고 예상했습니다. 이번 주 말미 해군 연구팀이 제출할 또 다른 새로운 연구는 7년도 안 되어 이런 일이 발생할 수 있다고 경고하고 있습니다. 지금부터 7년 후입니다.

지난 몇 달 동안, 우리 지구가 정상 상태가 아니라는 징후를 오해하기가 점점 더 힘들어졌습니다. 북남미, 아시아 및 호주의 대도시들은 심각한 가뭄과 녹고 있는 빙하로 인해 거의 물이 없는 상태입니다. 절망에 빠진 농부들은 생계 수단을 잃고 있습니다.

Check the Vocabulary

05-03

Peoples in the frozen Arctic and on low-lying Pacific islands are planning evacuations of places they have long called home. Unprecedented wildfires have forced a half million people from their homes in one country and caused a national emergency that almost brought down the government in another. Climate refugees have migrated into areas already inhabited by people with different cultures, religions, and traditions, increasing the potential for conflict. Stronger storms in the Pacific and Atlantic have threatened whole cities. Millions have been displaced by massive flooding in South Asia, Mexico, and 18 countries in Africa. As temperature extremes have increased, tens of thousands have lost their lives. We are recklessly burning and clearing our forests and driving more and more species into extinction. The very web of life on which we depend is being ripped and frayed.

Check the Vocabulary

low-lying 저지의, 낮은 | **evacuation** 피난, 대피 | **migrate** 이주하다 | **displace** 옮겨 놓다, 추방하다 | **recklessly** 무모하게, 개의치 않고 | **fray** 닳게 하다, 닳다

혹한의 북극 지방과 저지의 태평양 섬들에 거주하는 사람들은 그들이 오랫동안 고향이라고 불러온 곳들에서 피난할 계획을 세우고 있습니다. 전례 없던 산불들로 인해 한 나라에서는 50만 명이 자신들의 집을 떠나야 했고 또 다른 나라에서는 정부를 무너뜨릴 뻔했던 국가 비상사태를 초래하기도 했습니다. 기후 때문에 발생한 난민들이 다른 문화, 종교 및 전통을 가진 사람들이 이미 거주하고 있는 지역으로 이주하여 충돌이 일어날 가능성이 높아졌습니다. 태평양과 대서양의 더 강력한 폭풍들이 전 도시들을 위협했습니다. 남아시아, 멕시코와 아프리카의 18개 나라에서는 대규모 홍수로 수백만 명의 이재민이 발생했습니다. 극심한 기온 현상이 증가하면서 수만 명이 목숨을 잃었습니다. 우리는 무모하게 우리의 산림을 불태우고 개간하여 점점 더 많은 종들을 멸종상태로 몰고 가고 있습니다. 우리가 의존하고 있는 바로 그 생명의 그물이 찢기고 해어지고 있습니다.

More than two decades ago, scientists calculated that nuclear war could throw so much debris and smoke into the air that it would block life-giving sunlight from our atmosphere, causing a "nuclear winter." Their eloquent warnings here in Oslo helped galvanize the world's resolve to halt the nuclear arms race.

Now science is warning us that if we do not quickly reduce the global warming pollution that is trapping so much of the heat our planet normally radiates back out of the atmosphere, we are in danger of creating a permanent "carbon summer."

Now comes the threat of climate crisis — a threat that is real, rising, imminent, and universal. Once again, it is the 11th hour. The penalties for ignoring this challenge are immense and growing, and at some near point would be unsustainable and unrecoverable. For now we still have the power to choose our fate, and the remaining question is only this: Have we the will to act vigorously and in time, or will we remain imprisoned by a dangerous illusion?

Check the Vocabulary

debris 파편, 잔해 | **eloquent** 설득력 있는, 감명적인 | **galvanize** 자극하다 | **resolve** 결심, 결의 |
halt 중지시키다 | **radiate** 방출하다 | **the 11th hour** 막판, 마지막 순간 | **vigorously** 격렬하게

20여 년 전부터, 과학자들은 핵전쟁이 엄청난 양의 잔해와 연기를 대기 중으로 쏟아내어 생명을 주는 햇빛을 우리의 대기권으로부터 차단함으로써 '핵겨울'을 초래할 것으로 추정했습니다. 이곳 오슬로에서의 그들의 설득력 있는 경고가 자극이 되어 세계는 핵 군비경쟁을 중단하기로 결의했습니다.

이제 과학은 우리 지구가 정상상태에서 대기권 밖으로 발산하는 많은 양의 열을 가두고 있는 지구 온난화 오염을 재빨리 감소시키지 않는다면 우리는 영원한 '탄소 여름'을 초래할 위기에 처해 있다고 우리에게 경고하고 있습니다.

지금 기후 위기의 위협이 다가오고 있습니다 – 실제적이고, 증대되고 있고, 임박해 있으며, 전 세계적인 위협입니다. 다시 말씀드리는데 아슬아슬합니다. 이 과제를 무시하는 데 따르는 불이익은 막대하고, 증가하며, 가까운 시일에는 유지와 회복이 불가능하게 될 것입니다. 지금 우리는 여전히 우리의 운명을 선택할 수 있는 힘을 가지고 있는데 남은 문제는 단지 이겁니다: 우리가 강력하게, 그리고 늦지 않게 행동하려는 의지를 가지고 있는가, 아니면 위험한 착각에 계속 빠져 있을 것인가?

Check the Vocabulary

illusion 착각, 환상

Fifteen years ago, I made that case at the "Earth Summit" in Rio de Janeiro. Ten years ago, I presented it in Kyoto. This week, I will urge the delegates in Bali to adopt a bold mandate for a treaty that establishes a universal global cap on emissions and uses the market in emissions trading to efficiently allocate resources to the most effective opportunities for speedy reductions.

This treaty should be ratified and brought into effect everywhere in the world by the beginning of 2010 — two years sooner than presently contemplated. The pace of our response must be accelerated to match the accelerating pace of the crisis itself.

Heads of state should meet early next year to review what was accomplished in Bali and take personal responsibility for addressing this crisis. It is not unreasonable to ask, given the gravity of our circumstances, that these heads of state meet every three months until the treaty is completed.

Check the Vocabulary

case 주장, 논거 | **mandate** 명령, 권한 | **cap** 최고 한도액, 상한 | **emission** 배기, 배출 물질 |
allocate 할당하다 | **ratify** 비준하다 | **contemplate** 계획하다 | **address** 다루다, 해결하다

15년 전 저는 리우데자네이루에서 개최된 유엔 환경개발회의에서 이를 입증했습니다. 10년 전에는 교토에서 그와 같은 주장을 제출하였습니다. 이번 주에는 발리에 모이는 대표들에게 한 협약에 강력한 위임권을 채택하자고 촉구할 것입니다. 이 협약은 탄소 배출량에 대한 전 세계적인 상한선을 설정하고 배출량 거래 시장을 활용해서 신속한 감축을 위한 가장 효과적인 기회에 재원을 효율적으로 할당하자는 것입니다.

이 협약은 비준을 받아 2010년 초까지는 세계 전역에서 시행되어야 합니다. 이는 현재 계획한 것보다 2년 빠른 것입니다. 우리의 대응 속도도 가속되어 그 위기 자체의 가속도에 필적해야 합니다.

각국 정상들은 내년 초에 만나 발리에서 성취된 것을 검토하고 이 위기를 대처하는데에 각각 책임을 져야 합니다. 상황의 심각성을 고려해 볼 때, 참여한 국가 정상들에게 협약이 완성될 때까지 3개월마다 회동해 줄 것을 부탁드리는 것은 무리가 아닙니다.

Check the Vocabulary

gravity 중대함, 중력

05-06

These are the last few years of decision, but they can be the first years of a bright and hopeful future if we do what we must. No one should believe a solution will be found without effort, without cost, without change. Let us acknowledge that if we wish to redeem squandered time and speak again with moral authority, then these are the hard truths:

The way ahead is difficult. The outer boundary of what we currently believe is feasible is still far short of what we actually must do. Moreover, between here and there, across the unknown, falls the shadow.

That is just another way of saying that we have to expand the boundaries of what is possible. In the words of the Spanish poet, Antonio Machado, "Pathwalker, there is no path. You must make the path as you walk."

Check the Vocabulary

squander 낭비하다, 함부로 쓰다 | **hard truth** 냉엄한 현실 | **short of** ~에 못 미치는

결단을 내리는 지난 몇 년간이었지만, 우리가 해야 할 일을 한다면 그 시간은 밝고 희망찬 미래를 여는 출발점이 될 수 있습니다. 어느 누구도 노력과 대가와 변화 없이 해결책이 발견될 것이라고 생각해서는 안 됩니다. 우리가 낭비한 시간을 되찾고 다시 도덕적 권위를 가지고 말하고 싶다면 다음과 같은 냉엄한 현실을 인정합시다.

우리 앞에 놓인 길은 험난합니다. 현재 우리가 실행 가능하다고 믿는 일의 외적 한계는 우리가 실제로 해야 하는 일에 훨씬 미치지 못합니다. 게다가 현재와 미래 사이의 미지의 세계에는 그림자가 드리워져 있습니다.

이것을 그냥 다른 방법으로 말한다면 가능한 일의 한계를 확대해야 한다는 겁니다. 스페인의 시인 안토니오 마차도는 "길을 걷는 사람이여, 길이 없으니 걸어가면서 길을 만들어야 합니다."라고 말했습니다.

Check the Vocabulary

05-07

We are standing at the most fateful fork in that path. So I want to end as I began, with a vision of two futures — each a palpable possibility — and with a prayer that we will see with vivid clarity the necessity of choosing between those two futures, and the urgency of making the right choice now.

The great Norwegian playwright, Henrik Ibsen, wrote, "One of these days, the younger generation will come knocking at my door."

The future is knocking at our door right now. Make no mistake, the next generation will ask us one of two questions. Either they will ask: "What were you thinking; why didn't you act?" Or they will ask instead: "How did you find the moral courage to rise and successfully resolve a crisis that so many said was impossible to solve?"

We have everything we need to get started, save perhaps political will, but political will is a renewable resource.

So let us renew it, and say together: "We have a purpose. We are many. For this purpose we will rise, and we will act."

Check the Vocabulary

fateful 숙명적인, 결정적인 | **fork** 기로, 선택해야 할 길 | **palpable** 명백한, 곧 알 수 있는 | **clarity** 명쾌한, 명석함 | **playwright** 극작가 | **save** ~을 제외하고, ~외에는

우리는 지금 그 길에서 가장 운명적인 결정을 내리는 분기점에 서 있습니다. 그래서 저는 시작할 때처럼 마무리하고 싶습니다. 각각 명백한 가능성이 있는 두 가지 미래에 대한 비전을 갖고 이 두 가지 미래 사이에서 선택의 필요성과 지금 올바른 선택을 해야 한다는 긴박함을 우리가 명확하게 깨닫게 되기를 기도드리며 소감을 마치고자합니다.

노르웨이의 위대한 극작가 헨리크 입센은 "머지않아, 젊은 세대가 우리의 문을 두드릴 것이다."라고 썼습니다.

지금 미래가 우리의 문을 두드리고 있습니다. 분명히 다음 세대는 다음과 같은 두 가지 질문 중 하나를 우리에게 던질 것입니다. "어떻게 생각하셨나요? 왜 행동하시지 않았나요?" 아니면 "그렇게 많은 사람들이 해결이 불가능하다고 말한 위기에 대처해서 성공적으로 해결한 그 정신적 용기를 어떻게 찾으셨습니까?"라고요.

우리는 어쩌면 정치적 의지 외에는 시작에 필요한 모든 것을 갖고 있습니다. 하지만 정치적 의지는 재생 가능한 자원입니다.

그러므로 새로 마음을 다잡고 함께 이렇게 말합시다. "우리는 하나의 목적이 있습니다. 우리는 다수입니다. 이 목적을 위해 우리는 일어나서 행동할 것입니다."

SPEECH
06

Steve Jobs'
Macworld Expo Keynote Address

스티브 잡스의 맥월드 엑스포 기조연설

2001년 1월 8일, 샌프란시스코

스티브 잡스(1955~2011)

애플컴퓨터의 공동창립자이자 개인용 컴퓨터 시대를 이끈 카리스마 넘치는 선구자이다. 미국 캘리포니아 주 샌프란시스코에서 미국인 어머니와 시리아계 아버지 사이에서 태어난 잡스는 태어난 지 1주일 후에, 캘리포니아 주 산타 클라라에 사는 폴과 클라라 잡스 부부에게 입양되었다. 잡스를 입양한 부부는, 그에게 스티븐 폴 잡스라는 이름을 지어 주었다. 잡스는 폴과 클라라 잡스 부부를 유일한 부모로 여겼다.

1976년 스티브 워즈니악과 함께 애플컴퓨터를 공동 창업했다. 애플II를 발표하여 개인용컴퓨터를 대중화하였고, 이후 GUI와 마우스의 가능성을 처음으로 내다보고 리사와 매킨토시에서 이 기술을 도입하였다. 1985년 경영분쟁에 의해 애플에서 나온 이후 NeXT 컴퓨터를 창업하여 세계 최초의 객체지향 운영체제인 넥스트스텝을 개발했다. 1986년에는 픽사를 인수하였다. 픽사는 단편 에니메이션 분야에서 여러 번 오스카상을 받았으며 이후 최초의 장편 3D 애니메이션 〈토이스토리〉로 큰 성공을 거두었고 현재는 디즈니사에 합병되었다.

1996년 애플이 NeXT를 인수하게 되면서 다시 애플로 돌아오게 되었고 1997년에는 임시 CEO로 애플을 다시 이끌게 되었으며, 이후 컴퓨터 이외에 음악, 휴대전화 등으로 사업영역을 확장하며 애플의 전성기를 이끌었다.

Now, how can the PC add such value? Why? Well, for a few reasons: One, because it can run complex applications. These devices can't. They don't have enough horsepower. Two, because the PC has got a big screen on it, not does just mean that you can see more information, but it means you can much better use interfaces. Most of digital devices has pretty brain-dead UIs. We can burn discs, as we've seen with CDs and now DVDs. But digital devices can't do that. And we have large inexpensive storage. You've never gone out to pay the fortune for little flash cards for your camera, you know what I mean?

These are some of the things the PC can contribute. It also gets on the Internet in every way and at every speed. Very few of our digital devices get on the Internet at all and if those that do are slow. And so this is why we believe the PC will be the hub — not just adding value to these devices but interconnecting them as well, as a digital hub.

Check the Vocabulary

device 기기 | **fortune** 큰 돈, 운

지금 PC가 어떻게 그런 가치를 더할 수 있을까요? 이유는? 음, 몇 가지 이유가 있습니다: 첫째, PC는 복잡한 응용 프로그램을 실행할 수 있기 때문입니다. 이 기기들은 할 수 없습니다. 이것들에는 충분한 힘이 없어요. 둘째, PC에 큰 화면이 있다는 것은 더 많은 정보를 볼 수 있을 뿐만 아니라 인터페이스를 훨씬 더 잘 사용할 수 있음을 의미합니다. 대부분의 디지털 기기들은 거의 뇌사 상태의 사용자 인터페이스를 갖고 있습니다. 우리는 CD와 현재의 DVD에서 봤듯이 디스크를 구울 수 있습니다. 하지만 디지털 기기들은 그걸 못 하죠. 또한 우리는 저렴한 대형 저장 장치를 갖고 있습니다. 여러분은 카메라에 들어갈 작은 플래시카드를 구입하는 데 많은 돈을 지불하려고 밖에 나간 적은 없었지요. 무슨 말인지 아시죠?

이런 것들은 PC가 기여할 수 있는 일들 중 일부입니다. PC는 또한 여러 가지 방식과 속도로 인터넷에 접속합니다. 우리가 갖고 있는 디지털 기기들 중에서 인터넷에 접속할 수 있는 것은 거의 없습니다. 있다고 해도 느립니다. 이것이 바로 PC가 허브가 될 것이라고 믿는 이유입니다 – 이 기기들에 가치를 더할 뿐만 아니라 디지털 허브로서도 서로 연결할 것이라고 말입니다.

Check the Vocabulary

Now, we first began to understand this with the camcorder, because we invented an application called iMovie that added tremendous value to a camcorder. If you've used iMovie, it makes your digital camcorder worth ten times as much because you can convert raw footage into an incredible movie with transitions, cross-dissolves, credits, soundtracks. You can convert raw footage that you would normally never look at again on your camcorder into an incredibly emotional piece of communication: professional; personal. It is amazing.

You can even then take that iMovie and send it out over a MAC to Apple's Website and we will host it for you and stream it to any PC in the world. You cannot do that with a camcorder. And we saw that the benefit here was a combination of a bunch of things. It took the hardware, the computer and other hardware, the operating system, the application, the Internet, and marketing to create the solution.

So we thought that this was very important and it took all these components and we realized that Apple is uniquely suited to do this because we are the last company in this business that has all these components under one roof. We think it is a unique strength and we discovered this with iMovie2 that we could make a digital device called the camcorder worth ten times as much. It's ten time more valuable to you.

Check the Vocabulary

convert 전환하다 | **raw footage** 가공하지 않은 장면 | **a bunch of** 수많은, 다수의 | **suit** 적합하다, 어울리다

처음에 우리는 캠코더를 보고 이걸 이해하기 시작했습니다. 그 이유는 우리가 캠코더에 엄청난 가치를 부가한 아이무비라는 응용 프로그램을 발명했기 때문입니다. 아이무비를 사용하면, 트랜지션, 크로스 디졸브, 크레디트, 사운드 트랙 등으로 가공하지 않은 장면을 놀라운 영화로 전환시킬 수 있기 때문에 여러분의 디지털 캠코더의 가치를 10배나 높일 수 있습니다. 보통은 캠코더로 다시는 보지 못하게 될 가공되지 않은 장면을 믿기지 않도록 감성적인 영상으로 바꿀 수 있는 겁니다. 전문적이든 개인적이든 말입니다. 정말 대단하죠.

여러분이 심지어 맥을 통해서 그 영상을 애플 웹사이트로 전송하면 우리는 여러분을 위해 그걸 호스팅해서 전 세계 PC로 스트리밍합니다. 캠코더로는 할 수 없는 거죠. 또한 우리는 수많은 결합의 이득을 목격했습니다. 이러한 솔루션을 탄생시키기까지는 하드웨어, 즉 컴퓨터와 기타 하드웨어, 운영 체계, 응용 프로그램, 인터넷 및 마케팅이 필요했습니다.

그래서 우리는 이것이 매우 중요하고, 아이무비는 이 모든 요소들이 필요하다고 생각했습니다. 그리고 우리는 애플만이 이것을 하기에 적합하다는 것을 깨달았습니다. 왜냐하면 우리가 이 업계에서 한 지붕 아래 이 모든 요소들을 갖추고 있는 마지막 회사이기 때문입니다. 우리는 그것이 애플 특유의 강점이라고 생각합니다. 또한 우리는 아이무비2를 통해서 우리가 캠코더라는 디지털 기기의 가치를 10배나 높일 수 있음을 발견했습니다. 여러분에게 10배 이상 가치가 있는 거죠.

Check the Vocabulary

06-03

So our vision: We don't think the PC is dying. We think it's evolving. It's gone from the prehistoric times to its first golden age of productivity, to its second golden age, the Internet age. Now it is entering its third golden age, the digital lifestyle age where it will become the digital hub of these amazing new digital devices. And it will become the digital hub because it can do things that these digital devices just can't do: run complex applications like iMovie, iTunes and iDVD; big screen for the user interfaces we need to do these things and to make it simple to burn discs, CDs and now DVDs, and large and inexpensive storage, and it can talk to the Internet in any way at any speed.

We think this is going to be huge, and the glue that is going to make all these happen are the applications. And we are working on even more iMovie, iTunes, iDVD — they are going to be our passport into this new digital lifestyle era and that is where we are going.

Check the Vocabulary

prehistoric 선사시대의 | **era** 시대

72

그래서 우리의 비전은 이것입니다: 우리는 PC가 죽어 가고 있다고 생각하지 않습니다. 우리는 PC가 진화하고 있다고 생각합니다. PC는 선사시대에서 출발하여 생산성이라는 첫 번째 황금기를 거쳐 인터넷 시대라는 두 번째 황금기로 진화했습니다. 이제 PC는 디지털 라이프스타일 시대인 세 번째 황금기로 진입하고 있습니다. 디지털 라이프스타일 시대에서 PC는 이런 놀랍고도 새로운 디지털 기기들의 디지털 허브가 될 것입니다. PC가 디지털 허브가 되는 이유는 다른 디지털 기기들이 할 수 없는 것들을 할 수 있기 때문입니다. PC는 아이무비, 아이튠즈, 아이DVD 같은 복잡한 응용 프로그램들을 실행할 수 있습니다. 이런 것들을 하는 데 필요한 사용자 인터페이스를 위한 대형 화면도 갖추고 있습니다. 간단하게 디스크, CD, DVD를 구울 수 있습니다. 대용량이면서도 저렴한 저장장치를 갖추고 있습니다. 또한 어떤 식으로든 어떤 속도로든 인터넷과 대화할 수 있습니다.

우리는 PC가 대단한 기기가 될 것이고 이 모든 일들이 생기게 할 접착제는 응용 프로그램이라고 생각합니다. 또한 우리는 아이무비, 아이튠즈, 아이DVD에 대한 더 많은 연구를 하고 있는데 이 응용 프로그램들은 이 새로운 디지털 라이프스타일 시대로 여행할 수 있게 해 주는 여권이 될 것이며 그곳이 바로 우리가 가고 있는 방향입니다.

Check the Vocabulary

SPEECH

07

Steve Jobs' Stanford University Commencement Speech

스티브 잡스의 스탠포드 대학교 졸업식 연설

2005년 6월 12일, 스탠포드 대학교

스티브 잡스(1955~2011)

스티브 잡스는 프레젠테이션의 대가로 유명했다. 하지만 상품을 팔기 위한 프레젠테이션에만 자신의 재능을 발휘한 것은 아니었다. 이는 그의 스탠포드 대학교 졸업식 연설로 알 수 있다. 이 연설에서 그는 자신의 인생을 진솔하게 이야기하면서 많은 이들의 가슴을 울렸다. 승승장구하던 시절의 이야기만 하는 것이 아니라 자신이 입양되었던 이야기, 자퇴했던 이야기, 자신이 세운 회사에서 쫓겨났던 이야기, 투병했던 이야기들까지 하면서 그런 상황에서도 최선을 다하여 최고의 자리에 오른 그의 노력에 박수를 보내게 만든다. 명연설로 회자되는 스티브 잡스의 스탠포드 대학교 졸업식 연설의 일부분을 살펴보자.

The first story is about connecting the dots.

I dropped out of Reed College after the first 6 months, but then stayed around as a drop-in for another 18 months or so before I really quit. So why did I drop out?

It started before I was born. My biological mother was a young, unwed graduate student, and she decided to put me up for adoption. She felt very strongly that I should be adopted by college graduates, so everything was all set for me to be adopted at birth by a lawyer and his wife. Except that when I popped out they decided at the last minute that they really wanted a girl.

So my parents, who were on a waiting list, got a call in the middle of the night asking: "We've got an unexpected baby boy; do you want him?" They said: "Of course." My biological mother found out later that my mother had never graduated from college and that my father had never graduated from high school. She refused to sign the final adoption papers. She only relented a few months later when my parents promised that I would go to college. This was the start in my life.

Check the Vocabulary

drop-in 갑자기 들르는 사람 | **adoption** 입양, 채택 | **pop out** 갑자기 나타나다 | **relent** 누그러지다

첫 번째는 점들의 연결에 관한 이야기입니다.

전 리드 대학에 입학한 지 6개월 만에 자퇴했습니다. 그래도 일 년 반 정도는 청강을 하다가 정말로 그만뒀습니다. 왜 자퇴했을까요?

그것은 제가 태어나기 전까지 거슬러 올라갑니다. 제 생모는 대학원생인 젊은 미혼모였습니다. 그래서 저를 입양 보내기로 결심했던 거지요. 그녀는 제 미래를 생각해서 대학교를 졸업한 사람이 양부모가 되기를 원했습니다. 그래서 저는 태어나자마자 변호사 가정에 입양되기로 되어 있었습니다. 제가 태어나고 마지막 순간 그들이 여자아이를 입양하겠다고 결정한 것만 제외하고 말이지요.

그들 대신 대기자 명단에 있던 양부모님은 한밤중에 걸려 온 전화를 받았죠: "어떡하죠? 예정에 없던 사내아이가 태어났는데, 그래도 입양하실 건가요?" "물론이죠." 그런데 알고 보니 양어머니는 대졸자도 아니었고, 양아버지는 고등학교도 졸업하지 못한 사람이어서 친어머니는 최종 입양 서류에 서명하는 것을 거부했습니다. 몇 달 후 양부모님이 저를 꼭 대학까지 보내 주겠다고 약속한 후에야 친어머니는 입양에 동의하였습니다. 이것이 제 인생의 시작이었습니다.

Check the Vocabulary

And 17 years later I did go to college. But I naively chose a college that was almost as expensive as Stanford, and all of my working-class parents' savings were being spent on my college tuition. After six months, I couldn't see the value in it. I had no idea what I wanted to do with my life and no idea how college was going to help me figure it out. And here I was spending all of the money my parents had saved their entire life.

So I decided to drop out and trust that it would all work out OK. It was pretty scary at the time, but looking back it was one of the best decisions I ever made. The minute I dropped out I could stop taking the required classes that didn't interest me, and begin dropping in on the ones that looked far more interesting.

It wasn't all romantic. I didn't have a dorm room, so I slept on the floor in friends' rooms, I returned coke bottles for the 5 cent deposits to buy food with, and I would walk the 7 miles across town every Sunday night to get one good meal a week at the Hare Krishna temple. I loved it. And much of what I stumbled into by following my curiosity and intuition turned out to be priceless later on. Let me give you one example:

17년 후, 저는 대학에 입학했습니다. 그러나 저는 순진하게도 바로 이곳, 스탠포드만큼이나 학비가 비싼 학교를 선택했습니다. 평범한 노동자였던 부모님이 힘들게 모아뒀던 돈이 모두 제 학비로 들어갔습니다. 6개월 후, 저는 대학공부가 그만한 가치가 없다는 생각을 했습니다. 내가 진정으로 인생에서 원하는 게 무엇인지, 그리고 대학교육이 그것을 찾는 데 얼마나 도움이 될지 판단할 수 없었습니다. 게다가 양부모님이 평생 모은 재산이 전부 제 학비로 들어가고 있었습니다.

그래서 모든 것이 다 잘될 거라 믿고 자퇴를 결심했습니다. 당시에는 두려웠지만, 뒤돌아보았을 때 제 인생 최고의 결정 중 하나였던 것 같습니다. 자퇴한 순간, 흥미 없던 필수과목들을 듣는 것은 그만두고 관심 있는 강의만 들을 수 있었습니다.

모든 것이 낭만적이지는 않았습니다. 전 기숙사에 머물 수 없었기 때문에 친구 집 마룻바닥에서 자기도 했고 한 병당 5센트씩 하는 빈 콜라병을 팔아서 먹을 것을 사기도 했습니다. 또 매주 일요일, 단 한 번이라도 제대로 된 음식을 먹기 위해 7마일이나 걸어서 하레 크리슈나 사원의 예배에 참석하기도 했습니다. 맛있더군요. 당시 순전히 호기심과 직감만을 믿고 저지른 많은 일들이 후에 값으로 따질 수 없을 정도로 가치 있는 경험이 됐습니다. 예를 들어 보죠.

Check the Vocabulary

Reed College at that time offered perhaps the best calligraphy instruction in the country. Throughout the campus every poster, every label on every drawer, was beautifully hand calligraphed. Because I had dropped out and didn't have to take the normal classes, I decided to take a calligraphy class to learn how to do this. I learned about serif and san serif typefaces, about varying the amount of space between different letter combinations, about what makes great typography great. It was beautiful, historical, artistically subtle in a way that science can't capture, and I found it fascinating.

None of this had even a hope of any practical application in my life. But ten years later, when we were designing the first Macintosh computer, it all came back to me. And we designed it all into the Mac. It was the first computer with beautiful typography. If I had never dropped in on that single course in college, the Mac would have never had multiple typefaces or proportionally spaced fonts. And since Windows just copied the Mac, it's likely that no personal computer would have them. If I had never dropped out, I would have never dropped in on this calligraphy class, and personal computers might not have the wonderful typography that they do. Of course it was impossible to connect the dots looking forward when I was in college. But it was very, very clear looking backwards ten years later.

Check the Vocabulary

calligraphy 서체 | **calligraph** 장식 서체로 쓰다 | **typography** 인쇄 활자 | **font** 글자체

그 당시 리드 대학은 아마 미국 최고의 서체교육을 제공했던 것 같습니다. 학교 곳곳에 붙어 있는 포스터, 서랍에 붙어 있는 상표들은 아름답게 손으로 쓴 것들이었습니다. 어차피 자퇴한 상황이라 정규과목을 들을 필요가 없었기 때문에 서체에 대해서 배워 보기로 마음먹고 서체수업을 들었습니다. 그때 저는 세리프와 산 세리프체에 대해, 다른 글씨 조합의 자간의 변화에 대해, 위대한 활자를 멋지게 만드는 것에 대해 배웠습니다. 그것은 '과학적'인 방식으로는 따라 하기 힘든 아름답고, 유서 깊고, 섬세한 방식이었기 때문에, 전 매료되었습니다.

이런 것들 중 어느 하나라도 제 인생에서 실용적으로 활용될 것 같지는 않았습니다. 그러나 10년 후 우리가 첫 번째 매킨토시를 구상할 때, 그것들은 고스란히 빛을 발했습니다. 우리는 그것을 모두 매킨토시에 적용하여 설계했습니다. 그것은 아름다운 서체를 가진 최초의 컴퓨터였습니다. 제가 리드 대학에서 그 과목을 청강하지 않았다면, 맥에 다양한 활자체나 자간이 비례에 맞게 조절되는 서체가 쓰이지 못했을 것입니다. 제가 만약 자퇴하지 않았다면, 그런 서체수업을 청강하지 못했을 것이고, 결국 개인용컴퓨터는 지금 같은 멋진 서체를 갖지 못했을 것입니다. 물론 제가 대학을 다닐 때는 장차 일이 이렇게 연관될 줄은 전혀 생각지도 못했지만, 10년 후 돌이켜 생각해 보니 그것을 매우 분명하게 알 수 있었습니다.

Again, you can't connect the dots looking forward; you can only connect them looking backwards. So you have to trust that the dots will somehow connect in your future. You have to trust in something — your gut, destiny, life, karma, whatever. Because believing that the dots will connect down the road will give you the confidence to follow your heart even it leads you off the well-worn path. And that will make all the difference.

Check the Vocabulary

gut 직관 | **destiny** 운명 | **karma** 인연

다시 말하자면, 지금 여러분은 미래를 보며 점들을 연결할 수 없습니다: 다만 과거를 돌이켜보며 연결할 수 있을 뿐이죠. 그러므로 여러분은 현재의 점들이 미래에 어떤 식으로든지 연결된다는 것을 믿어야만 합니다. 자신의 직관, 운명, 인생, 인연 등 무엇이든지 간에 '그 무엇'에 믿음을 가져야만 합니다. 지금 하는 일들이 장차 미래와 연관되리라 믿으면 비록 탄탄대로에서 벗어나게 되더라도 확신을 가지고 마음이 원하는 바를 따르게 될 것이며 그것이 미래를 바꾸기 때문입니다.

SPEECH

08

Carly Fiorina's
North Carolina A&T State University
Commencement Speech

칼리 피오리나의 노스캐롤라이나 A&T 대학교 졸업식 연설

2005년 5월 7일, 노스캐롤라이나 A&T 주립대학교

칼리 피오리나(1954~)

미국의 텍사스 주 오스틴 출신인 여성 기업인 피오리나의 결혼 전 성은 스니드 (Sneed)이다. 스탠포드 대학교에서 사학·철학을 전공했고, 메릴랜드 대학교 경영대학원에서 경영학 석사학위를, 매사추세츠 공과대학교(MIT)에서도 석사학위를 받았다. A&T에 입사한 뒤 경력을 쌓아 임원으로 승진했다. A&T와 루슨트테크놀로지 분사 과정에서 유명한 관리자로 이름을 알렸고, 1998년 『포춘』은 그녀를 '비즈니스계에서 가장 영향력 있는 여성'으로 선정하였다. 그녀는 1999년 HP 최고경영자로 전격 영입되어 큰 주목을 받았고, HP 최초의 외부 출신 회장, 대형 IT 업계 최초의 여성 회장, 세계 상위 20대 기업 최초의 여성 회장 등 각종 기록을 세웠다. 회사 내부의 대대적인 개혁을 이루어 내고, 컴팩과의 합병을 성사시키는 등 세계 최고의 여성 기업인으로 찬사를 받았으나 실적 부진과 주가 폭락으로 어려움에 처하게 되면서, 2005년 2월 사임했다. 정치에도 관심이 많아 공화당의 캘리포니아 주 연방 상원의원 후보로 선출되어 2010년 11월 선거에 출마했으나 낙선하였다. 회장직에서 물러난 뒤 외관상 구직자 신분이었던 그녀는 이날 졸업식 연설에서 A&T 졸업생들에게 직업 선택에 관한 조언을 해 준다.

08-01

The question for all of you today is: how will you define what you make of yourself?

To me, what you make of yourself is actually two questions. There's the "you" that people see on the outside. And that's how most people will judge you, because it's all they can see — what you become in life, whether you were made President of this, or CEO of that, the visible you.

But then, there's the invisible you, the "you" on the inside. That's the person that only you and God can see. For 25 years, when people have asked me for career advice, what I always tell them is don't give up what you have inside. Never sell your soul — because no one can ever pay you back.

What I mean by not selling your soul is don't be someone you're not, don't be less than you are, don't give up what you believe, because whatever the consequences that may seem scary or bad — whatever the consequences of staying true to yourself are — they are much better than the consequences of selling your soul.

Check the Vocabulary

stay true to ~에 충실하다

오늘 여러분 모두에게 던져지는 질문은 '당신 자신을 어떻게 생각하느냐를 어떻게 정의할 것인가?'입니다.

제게는 당신이 당신 자신을 어떻게 생각하느냐는 사실 두 가지 질문입니다. 사람들이 외관상으로 보는 '당신'이 있는데 그것은 대다수의 사람들이 그것만을 볼 수 있기 때문에 당신에 대한 평가를 내리는 방법이죠 - 인생에서 당신이 되는 것, 이곳의 사장이 되었든, 저곳의 최고 경영자가 되었든, 눈에 보이는 당신이죠.

하지만 또 눈에 보이지 않는 당신이 있습니다, 내면의 '당신' 말입니다. 당신과 신만이 볼 수 있는 사람이죠. 25년 동안 사람들이 저에게 직업에 관한 조언을 구할 때 제가 언제나 그들에게 말해 주는 것은 내면에 갖고 있는 것을 포기하지 말라는 것입니다. 절대로 당신의 영혼을 팔지 마세요 - 아무도 보상해 줄 수 없기 때문입니다.

영혼을 팔지 말라는 것의 의미는 당신이 아닌 누군가가 되지 말라는 것, 당신 이하가 되지 말라는 것, 당신이 믿는 것을 포기하지 말라는 것입니다. 결과가 두렵거나 나빠 보일지라도 - 당신 자신에게 충실한 결과가 어찌 되든 - 그것들은 당신의 영혼을 판 것에 대한 결과보다 훨씬 더 좋을 겁니다.

Check the Vocabulary

08-02

You have been tested mightily in your life to get to this moment. And all of you know much better than I do: from the moment you leave this campus, you will be tested. You will be tested because you won't fit some people's pre-conceived notions or stereotypes of what you're supposed to be, of who you're supposed to be. People will have stereotypes of what you can or can't do, of what you will or won't do, of what you should or shouldn't do. But they only have power over you if you let them have power over you. They can only have control if you let them have control, if you give up what's inside. I speak from experience. I've been there. I've been there, in admittedly vastly different ways — and in many ways, in the fears in my heart, exactly the same places. The truth is I've struggled to have that sense of control since the day I left college.

I was afraid on the day I graduated from college. I was afraid of what people would think. Afraid I couldn't measure up. I was afraid of making the wrong choices. I was afraid of disappointing the people who had worked so hard to send me to college.

Check the Vocabulary

pre-conceived notion 선입견 | stereotype 고정 관념 | speak from experience 경험에서 말하다 | admittedly 널리 인정되고 있는 것처럼 | measure up 기준에 들어맞다, 유능하다

여러분은 이 순간에 도달하기 위해 지금까지 호되게 시험받아 왔습니다. 그래서 여러분은 저보다 훨씬 더 잘 압니다. 여러분은 캠퍼스를 떠나는 순간부터 시험받게 될 것입니다. 여러분은 여러분이 으레 어떤 사람일 것이라는 것, 여러분이 누구일 것이라는 것에 대한 몇몇 사람들의 선입관이나 고정관념에 맞지 않을 것이기 때문에 시험받을 것입니다. 사람들은 여러분이 할 수 있는 것과 할 수 없는 것, 할 것과 하지 않을 것, 해야 하는 것과 하지 말아야 하는 것들에 대한 고정관념을 가지게 될 것입니다. 하지만 여러분이 그들에게 여러분을 지배하게 해야만 그들이 여러분을 지배할 수 있습니다. 경험에서 말씀드리는데, 그들은 여러분이 그들로 하여금 통제하게 해야만, 여러분이 여러분의 내면을 포기해야만 통제할 수 있습니다. 저는 경험해 봤습니다. 널리 인정되고 있는 확연하게 다른 방법으로 경험해 봤고, 여러 면에서 제 마음의 두려움을 경험해 봤습니다. 완전히 똑같은 장소들을 말입니다. 사실 저는 대학을 떠난 날부터 그 통제감을 가지려고 열심히 노력해 왔습니다.

저는 졸업식 날 걱정했습니다. 저는 사람들의 생각을 두려워했습니다. 제가 유능하지 못했다는 것을 두려워했습니다. 잘못 선택하는 것을 두려워했습니다. 저를 대학에 보내기 위해 열심히 일한 분들을 실망시킬까 봐 두려워했습니다.

Check the Vocabulary

I had graduated with a degree in medieval history and philosophy. If you had a job that required knowledge of Copernicus or 12th century European monks, I was your person. But that job market wasn't very strong.

So, I was planning to go to law school, not because it was a lifelong dream — because I thought it was expected of me. Because I realized that I could never be the artist my mother was, so I would try to be the lawyer my father was. So, I went off to law school. For the first three months, I barely slept. I had a blinding headache every day. And I can tell you exactly which shower tile I was looking at in my parent's bathroom on a trip home when it hit me like a lightning bolt. This is my life. I can do what I want. I have control. I walked downstairs and said, "I quit."

Check the Vocabulary

blinding headache 눈을 뜰 수 없을 정도의 두통 | **lightning bolt** 번개

저는 중세사와 철학 학위를 받고 졸업했습니다. 여러분이 코페르니쿠스나 12세기 유럽 수사들에 관한 지식을 요구하는 직업을 갖고 있다면, 제가 바로 그런 사람이었습니다. 그러나 그 고용시장은 그리 강하지 못했습니다.

그래서 저는 로스쿨 진학을 계획했습니다. 그게 일생의 꿈이었기 때문이 아니라 – 저에게 기대된 것이라고 생각했기 때문이죠. 저는 절대로 어머니 같은 예술가는 될 수 없을 것임을 깨달았기 때문에 아버지 같은 변호사가 되려고 했습니다. 그래서 로스쿨에 갔습니다. 첫 3개월간은 거의 잠을 못 잤습니다. 저는 매일 눈을 뜰 수 없을 정도로 두통을 앓았습니다. 저는 번개처럼 그 생각이 저에게 떠올랐을 때 집으로 가서 부모님의 화장실에서 정확히 어느 샤워 타일을 보고 있었는지 여러분에게 말씀드릴 수 있습니다. 이게 저의 삶입니다. 저는 제가 원하는 것을 할 수 있습니다. 제가 지배합니다. 저는 아래층으로 내려가, "저 그만두겠어요."라고 말씀드렸습니다.

08-04

I do not know any of you personally. But as a businessperson and a former CEO, I know that people who have learned to overcome much can achieve more than people who've never been tested. And I do know that this school has prepared you well. After all, North Carolina A&T graduates more African Americans with engineering degrees than any other school in the United States. It graduates more African American technology professionals than any other school. It graduates more African American women who go into careers in science, math, and technology than any other school. Your motto is right: North Carolina A&T is truly a national resource and a local treasure. And Aggie Pride is not just a slogan — it's a hard-earned fact!

Never sell your education short. And the fact that this school believed in you means you should never sell yourself short. What I have learned in 25 years of managing people is that everyone possesses more potential than they realize. Living life defined by your own sense of possibility, not by other's notions of limitations, is the path to success.

Check the Vocabulary

sell ~ short ~을 경시하다, 과소평가하다 저는 여러분을 개인적으로는 모릅니다. 하지만 사업가이자 기업의 최고경영자를 역임했던 저는 많은 것에 대한 극복을 배워 온 사람들이 시험받아 본 적이 없는 사람들보다 더 많은 것을 성취할 수 있다는 것을 압니다. 그리고 저는 이 학교가 여러분들을 잘 준비시켰다는 것을 압니다. 어쨌든, 이 대학은 미국에서 가장 많은 아프리카계 미국인 기술 전문가들을 배출합니다. 이 대학은 다른 학교들에 비해 과학, 수학 및 기술 분야 직업에 종사하는 가장 많은 아프리카계 미국인 여성들을 배출합니다. 여러분은 올바른 좌우명을 갖고 있습니다: 노스캐롤라이나 A&T 대학은 진정 나라의 보물이며 지역의 보물입니다. 그리고 농과 대학의 자긍심은 하나의 슬로건일 뿐만 아니라 열심히 공부해서 얻은 사실입니다!

절대로 여러분의 교육을 과소평가하지 마세요. 이 학교가 여러분을 믿었다는 사실은 여러분이 절대로 자신을 과소평가해서는 안 된다는 것을 의미합니다. 제가 25년 동안 사람들을 관리하면서 배운 것은 모든 사람은 그들이 깨닫는 것보다 더 많은 잠재력을 갖고 있다는 겁니다. 여러분이 다른 사람들의 한정에 대한 생각에 의해서가 아니라 여러분 자신의 가능성에 대한 생각에 의해 정해지는 삶을 사는 것이 성공에 이르는 길입니다.

Check the Vocabulary

Janet Yellen's
NYU Commencement Speech

재닛 옐런의 뉴욕 대학교 졸업식 연설

2014년 5월 21일, 뉴욕 양키 스타디움

재닛 옐런(1946~)

금년 2월 미국 역사상 여성으로서는 최초로 미국 경제의 대통령격인 미 연방준비제도 이사회(FRB) 의장으로 취임한 재닛 옐런은 의장으로 취임하기 전에는 부의장이었다.

예일 대학교 경제학 박사 출신인 그녀는 샌프란시스코 연방은행 총재, 미국 경제학회 부회장, 하버드 대학교 교수, 대통령 경제자문회 의장 등 다양한 요직을 거친 뒤, 금년 초 세계에서 가장 영향력 있는 여성 인물들 중 한 사람으로 꼽혔으며, 여성들에게는 선구자적 롤 모델이 되었다. 재닛 옐런의 남편이 2001년 노벨 경제학상 수상자인 조지 애컬로프이니 정말 대단한 부부이다. 이어지는 이 연설은 미국 역사상 여성으로서는 최초로 경제 수장 자리에 오른 재닛 옐런이 2014년 5월 21일 뉴욕 양키 스타디움에서 열린 뉴욕 대학교 182회 졸업식에서 명예 박사학위 수상자들을 대표해 뉴욕 대학교 졸업생들에게 행한 연설이다. 멋진 영어를 완벽한 발음으로 연설하는 그녀의 연설을 듣다 보면 독자 여러분도 따라 하고 싶은 충동을 느낄 것이다.

09-01

Thank you, President Sexton. On behalf of the honorees, let me express my thanks to NYU. And congratulations from all of us to you, the Class of 2014, and to your families, especially your parents. This is a special day to celebrate your achievements and to look forward to your lives ahead.

Your NYU education has not only provided you with a foundation of knowledge; it has also, I hope, instilled in you a love of knowledge and an enduring curiosity. Life will continue to be a journey of discovery if you tend the fires of curiosity that burn brightly in all of us.

Check the Vocabulary

instill 주입시키다, 심어 주다 | **enduring** 오래 지속되는 | **tend** 돌보다

섹스톤 총장님, 감사합니다. 명예박사 학위 수상자들을 대신해서 뉴욕 대학교에 감사의 마음을 전합니다. 그리고 우리 모두 2014 졸업생 여러분, 가족, 특히 부모님들에게 축하의 말을 전합니다. 오늘은 여러분의 성취를 축하하고 여러분 미래의 삶을 기대하기 위한 특별한 날입니다.

여러분이 뉴욕 대학교에서 받은 교육이 여러분에게 지식 기반을 제공했을 뿐만 아니라 지식 사랑과 끊임없는 호기심을 주입시켰기를 바랍니다. 여러분이 안에서 활활 타오르는 호기심에 대한 열정을 지킨다면 인생은 계속해서 발견의 여정이 될 것입니다.

Check the Vocabulary

09-02

Such curiosity led Eric Kandel, here at NYU, to his lifetime goal, to discover the chemical and cellular basis of human memory. A few years after his graduation, he was doing research on cats. But he had the idea of focusing on an animal with a simpler, more fundamental brain: the California sea slug. His colleagues all but ridiculed him for that idea. They "knew" that the study of the lowly sea slug was irrelevant for understanding human memory. Kandel's surgically-skilled collaborator deserted him. To get up to speed on sea slugs, he had to go abroad to study. But Kandel persisted and, in 2000, his curiosity won him the Nobel Prize. It was, as you must have guessed, for deciphering the chemistry of memory in humans, as revealed by his research on sea slugs. Kandel's life, I believe, demonstrates how a persistent curiosity can help us reach ambitious goals, even with great roadblocks in the way.

Check the Vocabulary

sea slug 나새류 | **collaborator** 공동 연구자 | **desert** ~를 떠나다 | **get up to speed** 최신 동향을 파악하다 | **decipher** 판독하다

이런 호기심이 이곳 뉴욕 대학교의 에릭 캔들의 평생 목표를 이루어지게 하였고 그가 인간 기억의 화학적 세포 기반을 발견하게 한 것입니다. 졸업하고 몇 년 뒤 그는 고양 이들을 연구했습니다. 그러나 그는 보다 단순하고 근본적인 뇌를 가진 동물, 즉 캘리 포니아 나새류의 동물에 집중하려고 했습니다. 그의 동료들은 그런 생각을 거의 비웃 었습니다. 그들은 미발달된 나새류 동물에 대한 연구가 인간의 기억력 이해에 부적절 하다고 알고 있었던 거죠. 캔들과 공동으로 연구했던 외과적으로 유능한 사람이 그를 떠났습니다. 캔들은 나새류 동물에 관한 최근의 동향을 파악하기 위해 해외에서 유 학해야만 했습니다. 그러나 캔들은 끈질기게 연구를 계속했고 2000년 그의 호기심은 그에게 노벨상을 안겨 주었습니다. 여러분이 짐작하셨겠지만, 그것은 나새류 동물에 대한 캔들의 연구가 밝힌 대로 인간 기억의 화학적 작용을 판독한 공로 때문이었습니 다. 저는 도중에 커다란 장애물이 놓여 있더라도 집요한 호기심이 우리의 야심찬 목 표 달성에 도움이 될 수 있다는 사실을 캔들의 삶이 입증하고 있다고 믿습니다.

A second tool for lifelong intellectual growth is a willingness to listen carefully to others. These days, technology allows us access to a great breadth of perspectives, but it also allows us to limit what voices we hear to the narrow range we find most agreeable. Listening to others, especially those with whom we disagree, tests our own ideas and beliefs. It forces us to recognize, with humility, that we don't have a monopoly on the truth.

Yankee Stadium is a natural venue for another lesson: You won't succeed all the time. Even Ruth, Gehrig and DiMaggio failed most of the time when they stepped to the plate. Finding the right path in life, more often than not, involves some missteps. My Federal Reserve colleagues and I experienced this as we struggled to address a financial and economic crisis that threatened the global economy. We brainstormed and designed a host of programs to unclog the plumbing of the financial system and to keep credit flowing. Not everything worked but we kept at it, and we remained focused on the task at hand. I learned the lesson during this period that one's response to the inevitable setbacks matters as much as the balance of victories and defeats.

Check the Vocabulary

with humility 겸손하게 | **monopoly** 독점 | **venue** 장소, 행위의 현장 | **misstep** 실수 | **address** 해결하다 | **brainstorm** 묘안을 내다 | **unclog** ~에서 장애를 없애다 | **plumbing** 배관(시설)

평생의 지적 성장을 위한 두 번째 도구는 다른 사람들의 말을 경청하려는 태도입니다. 요즘, 기술은 우리가 매우 폭넓은 관점에 접근할 수 있게 할 뿐만 아니라 그것은 또한 우리가 듣는 어떤 의견들을 우리가 선뜻 동의할 만한 좁은 범위로 제한합니다. 다른 사람들의 말을 듣는 것, 특히 우리와 의견을 달리하는 사람들의 말을 듣는 것은 우리 자신의 생각과 신념을 시험합니다. 그것은 우리가 진리에 대한 독점권을 가지지 못한다는 것을 겸손하게 인정하게 합니다.

양키 스타디움은 또 다른 교훈을 자연스럽게 제공하는 곳입니다. 여러분이 항상 성공하지는 못합니다. 루스, 게릭, 디마지오도 타석에 들어섰을 때 대부분의 경우 실패했습니다. 인생에서 바른 길을 찾는 것은 대개 약간의 실수가 포함됩니다. 연방준비제도의 동료들과 저는 세계 경제를 위협한 금융 및 경제 위기를 해결하려고 노력하다가 이것을 경험했습니다. 우리는 묘안을 생각해 내고 여러 가지 프로그램을 계획해서 금융제도가 움직이는 길에서 장애를 제거하고 신용 경색을 막았습니다. 모든 것이 잘 돌아가지는 않았습니다만 인내심을 갖고 해야 할 당면 과업에 집중력을 유지했습니다. 저는 이 기간 동안 승리와 패배의 균형만큼 불가피한 좌절에 대한 우리의 대응이 중요하다는 교훈을 배웠습니다.

Check the Vocabulary

keep credit flowing 신용 경색을 막다 | **setback** 좌절

09-04

There is an unfortunate myth that success is mainly determined by something called "ability." But research indicates that our best measures of these qualities are unreliable predictors of performance in academics or employment. Psychologist Angela Lee Duckworth says that what really matters is a quality she calls "grit" — an abiding commitment to work hard toward long-range goals and to persevere through the setbacks that come along the way.

One aspect of grit I think is particularly important is the willingness to take a stand when circumstances demand it. Such circumstances may not be all that frequent, but in every life, there will be crucial moments when having the courage to stand up for what you believe will be immensely important.

Check the Vocabulary

myth 통념 | **grit** 불굴의 정신, 기개 | **abiding** 지속적인 | **take a stand** 입장을 취하다 | **stand up for** 옹호하다, 지키다

성공은 주로 '능력'이라고 불리는 뭔가에 의해 결정된다는 한탄스러운 통념이 있습니다. 하지만 연구에 따르면 이러한 자질들에 대한 우리의 가장 훌륭한 척도가 학업이나 업무의 수행을 신뢰할 수 없게 예측하는 것으로 나타났습니다. 심리학자 안젤라 리 덕워스는 정말로 중요한 것이 그녀가 '불굴의 정신'이라고 표현하는 자질이라고 말합니다. 장기적인 목표를 향해 열심히 노력하고 그 과정에서 겪게 되는 좌절을 끈기 있게 이겨 내려는 변함없는 의지를 말하는 거지요.

제가 특별히 중요하다고 여기는 불굴의 정신의 한 면은 상황이 요구한다면 입장을 취하겠다는 의지입니다. 그런 상황이 그다지 빈번하지는 않겠지만 모든 삶에는 여러분이 믿는 것을 지킬 수 있는 용기를 갖는 것이 아주 중요한 시기가 있을 것입니다.

Check the Vocabulary

My predecessor at the Fed. Chairman Ben Bernanke, demonstrated such courage, especially in his response to the threat of the financial crisis. To stabilize the financial system and restore economic growth, he took courageous actions that were unprecedented in ambition and scope. He faced relentless criticism, personal threats, and the certainty that history would judge him harshly if he were wrong. But he stood up for what he believed was right and necessary. Ben Bernanke's intelligence and knowledge served him well as Chairman. But his grit and willingness to take a stand were just as important. I hope you never are confronted by challenges this great, but you too will face moments in your life when standing up for what you believe can make all the difference.

Having dwelt for a moment on failure and grit, let me turn to the deeper meaning that underpins grit and can carry us beyond failure. The hard work of building a life that makes a difference is much easier to sustain when you are passionate about what you pursue. When I first came to the Federal Reserve 37 years ago, I was struck by the passion of my colleagues for the mission of the Fed. And these many years later, each day at work, I see the importance of that passion to carrying out the Fed's duties effectively. If there is a job that you feel passionate about, do what you can to pursue that job; if there is a purpose about which you are passionate, dedicate yourself to that purpose.

Check the Vocabulary

relentless 가차 없는, 가혹한 | **harshly** 가혹하게 | **underpin** 지지하다, 떠받치다 | **dedicate oneself to** ~에 헌신하다

연방준비제도에서 저의 전임자인 벤 버냉키 전 의장님은 특별히 금융 위기 위협에 대응할 때 그런 용기를 보여 주셨습니다. 금융 제도를 안정시키고 경제 성장을 회복하기 위해서 그분은 목표와 범위에서 전례가 없었던 용감한 행동을 취했습니다. 그분은 가혹한 비판, 개인적인 위협 그리고 자신이 틀리면 역사가 자신을 가혹하게 평가할 것이라는 확신에 직면했었습니다. 하지만 그분은 자신이 생각하기에 옳고 필요한 것은 밀어붙이셨습니다. 벤 버냉키의 지성과 지식이 연방준비제도 이사회 의장으로서 그에게 큰 도움이 되었습니다만 그분의 불굴의 정신과 입장을 취하려는 태도 또한 못지않게 중요했습니다. 저는 여러분이 이렇게 큰 도전에 직면하지 않기를 바라지만 여러분 역시 인생에서 소신을 밀어붙이는 것이 일대 변화를 가져올 수도 있는 순간에 직면하게 될 것입니다.

실패와 불굴의 정신에 대해 잠시 설명했으니 불굴의 정신의 기초가 되고 우리가 실패를 넘어가게 할 수 있는 그 깊은 의미로 주제를 돌리겠습니다. 변화를 가져오는 삶을 만드는 노력은 여러분이 추구하는 것에 열정적일 때 지속하기가 훨씬 더 쉽습니다. 저는 37년 전, 연방준비제도 이사회에 처음 왔을 때 연방준비제도 이사회의 임무에 대한 제 동료들의 열정에 강한 인상을 받았습니다. 이렇게 많은 세월이 지난 지금, 저는 매일 직장에서 연방준비제도 이사회의 업무를 효과적으로 수행하는 데 그 열정의 중요성을 봅니다. 여러분이 열정을 느끼는 일이 있다면, 그 일을 추구하기 위해 여러분이 할 수 있는 것을 하십시오. 여러분이 열정적인 목표가 있다면 그 목표에 전념하십시오.

Check the Vocabulary

Finally, I hope that you can find joy in the lives you choose. You are completing one important phase of your life today and embarking on an amazing new adventure. Serious decisions about life surely lie ahead, but take time to savor the joys, large and small that come along the way. Share these joys with others, and share a laugh when you can.

In closing, thank you again, on behalf of myself and the other honorees. Thank you for the opportunity to speak to you today and congratulations and good luck to the Class of 2014.

Check the Vocabulary

embark on 시작하다, 착수하다 | **savor** ~을 흡족하게 즐기다, 음미하다

끝으로, 저는 여러분이 선택하는 인생에서 즐거움을 찾을 수 있기를 바랍니다. 여러분은 오늘 여러분 인생의 한 중요한 단계를 마치고 놀라운 새로운 모험을 시작합니다. 인생에 관한 중대한 결정들이 분명히 앞에 놓여 있습니다. 하지만 시간을 내서 크든 작든 인생을 살아가면서 맞이하게 되는 그 즐거움들을 누리십시오. 이 기쁨들을 다른 사람들과 함께 나누시고 할 수 있으면 웃음을 나누십시오.

저 자신을 포함한 다른 수상자들을 대표해 다시 한 번 감사의 말을 전하며 연설을 마칩니다. 오늘 여러분에게 연설할 수 있는 기회를 주신 데 대해 감사드리며 2014 졸업생들에게 축하와 함께 행운이 있기를 바랍니다.

SPEECH

10

Michael Jackson's
"Heal the Kids" Speech

마이클 잭슨의 Heal the Kids 연설

2001년 3월 6일, 옥스퍼드 대학교

마이클 잭슨(1958~2009)

팝의 황제 또는 음악계의 아이콘으로 불리는 미국의 전설적인 팝스타이다. 미국 인디애나 주 게리에서 9남매 중 일곱째로 태어난 그는 클라리넷 연주가였던 어머니와 기타리스트로 활동했던 경험이 있는 아버지로부터 음악적인 영향을 받고 자라났다. 마이클 잭슨은 1963년 5세 때부터 형들과 함께 '잭슨 파이브(Jackson 5)'란 그룹으로 활동하며 메인보컬을 맡았다. 1979년 솔로 앨범 'Off the Wall'을 발표하며 당시 1500만 장이 넘는 판매량을 기록했고, 이 앨범으로 1980년 그래미 어워드에서 최우수 R&B 가수상을 수상했다. 1982년 발표된 앨범 '스릴러(Thriller)'는 전 세계에서 1억 400만 장의 판매고를 올려 '최다판매앨범'으로 기네스북에 등재되기도 했다. 수록곡 'Billie Jean', 'Beat It', 'Human Nature', 'Thriller' 등 7곡이 빌보드 10위 안에 들었으며, 37주 동안 빌보드 앨범차트 1위에 올랐다. 마이클 잭슨은 이 앨범으로 1983년 그래미 어워드에서 올해의 프로듀서상, 올해의 앨범상, 최우수 R&B 보컬상, 최우수 록 보컬상을 비롯해 총 8개 부문의 상을 받았다. 이후 1300만 장이 판매된 'Invincible'(2001)까지 총 10장의 정규앨범을 발표한 마이클 잭슨은 솔로 통산 7억 5000만 장의 앨범 판매량을 기록, 13개의 싱글 음반을 빌보드차트 1위에 올리는 위업을 달성했다. 또한 19개의 그래미상을 비롯해 빌보드 어워드 40회, 아메리칸뮤직 어워드 22회, MTV 비디오뮤직 어워드 13회 수상 기록을 가지고 있고, 13개 부문의 기네스 월드레코드 보유자이기도 하다. 메이저 음악상에서 총 197개의 트로피를 가져간 셈이다.

Love, ladies and gentlemen, love is the human family's most precious legacy, its richest bequest, its golden inheritance. And it is a treasure that is handed down from one generation to another. Previous ages may not have had the wealth we enjoy. Their houses may have lacked electricity, and they squeezed their many kids into small homes without central heating. But those homes had no darkness, nor were they cold. They were lit bright with the glow of love and they were warmed snugly by the very heat of the human heart. Parents, undistracted by the lust for luxury and status, accorded their children primacy in their lives.

As you all know, our two countries broke from each other over what Thomas Jefferson referred to as "certain inalienable rights." And while we Americans and British might dispute the justice of his claims, what is never in dispute is that children have certain obvious rights, and the gradual erosion of those rights has led to scores of children worldwide being denied the joys and security of childhood.

Check the Vocabulary

bequest 유증, 유산 | **inheritance** 상속 재산(물건) | **squeeze** ~을 밀어 넣다 | **glow** 불빛, 백열 | **snugly** 포근하게 | **undistracted** 산란하지 않는 | **primacy** 제1위, 수위

신사 숙녀 여러분, 사랑은 인간 가족의 가장 소중한 재산이며 가장 귀중한 유산, 인간 가족의 귀중한 상속 재산입니다. 또한 한 세대에서 다음 세대로 물려받는 보물입니다. 이전 세대는 우리가 누리는 부를 갖지 못했을지도 모릅니다. 그들의 집은 전기가 부족했을지도 모르고 그들은 자신들의 많은 아이들을 중앙 난방이 되지 않는 작은 집으로 밀어 넣었습니다. 하지만 그들의 집은 어둡지도 춥지도 않았습니다. 사랑의 불빛으로 밝게 피어 있었고 바로 그 뜨거운 인간의 마음이 따뜻하게 감싸 줬기 때문입니다. 사치와 지위욕에 마음을 빼앗기지 않은 부모들은 자식들을 가장 중요하게 생각했습니다.

여러분 모두 아시다시피, 미국과 영국은 토마스 제퍼슨이 '양도할 수 없는 권리'라고 말한 그것을 토대로 서로에게서 떨어져 나왔습니다. 그리고 우리 미국인과 영국인들이 자신의 주장의 정당성에 대해 논쟁할 동안, 어린이들이 그 명백한 권리들을 가지고 있음은 전혀 언급되지 않습니다. 이러한 권리가 점차적으로 침식당하는 것은 유년 시절의 기쁨과 안전을 부정당하는 전 세계 어린이들의 상처를 가져올 뿐이지요.

I would therefore like to propose tonight that we install in every home a Children's Universal Bill of Rights, the tenets of which are:

1. The right to be loved without having to earn it
2. The right to be protected, without having to deserve it
3. The right to feel valuable, even if you came into the world with nothing
4. The right to be listened to without having to be interesting
5. The right to be read a bedtime story, without having to compete with the evening news or EastEnders
6. The right to an education without having to dodge bullets at schools
7. The right to be thought of as adorable — even if you have a face that only a mother could love

Friends, the foundation of all human knowledge, the beginning of human consciousness, must be that each and every one of us is an object of love. Before you know if you have red hair or brown, before you know if you are black or white, before you know of what religion you are a part, you have to know that you are loved.

Check the Vocabulary

install 설치하다 | **dodge** 피하다 | **bullet** 총알, 탄환 | **adorable** 귀여운, 사랑스러운

그래서 저는 오늘 밤 모든 가정에 보편적인 어린이 권리 장전을 선포하자고 제안하는 바입니다. 그 내용은 다음과 같습니다.

1. 노력하지 않아도 사랑받을 권리
2. 자격이 없어도 보호받을 권리
3. 가진 것 없이 태어났다 하더라도 소중하게 여겨질 권리
4. 타인의 관심을 끌지 못해도 경청받을 권리
5. 저녁 뉴스나 드라마와의 경쟁 없이 잠들기 전 동화책 이야기를 들을 수 있는 권리
6. 학교에서 총에 맞을 걱정을 하지 않고 교육받을 수 있는 권리
7. 생김새가 어떠하든 사랑받을 권리

여러분, 모든 인간의 지식의 토대와 인간 의식의 출발점은 우리 개개인이 사랑의 대상이어야 한다는 것입니다. 자기 자신의 머리카락이 빨간색인지 갈색인지, 자신이 흑인인지 백인인지 또는 어떤 종교인지 알기 전에 자기 자신은 사랑받는다는 것을 알아야 합니다.

10-03

You probably weren't surprised to hear that I did not have an idyllic childhood. The strain and tension that exists in my relationship with my own father is well documented. My father is a tough man and he pushed my brothers and me hard, really hard, from the earliest age, to be the best performers we could possibly be.

He had great difficulty showing affection. He never really told me he loved me. And he never really complimented me either. If I did a great show, he would tell me it was a good show. If I did an OK show, he would say nothing.

He seemed intent, above all else, on making us a commercial success. At that he was more than adept. My father was a managerial genius and my brothers and I owe our professional success, in no small measure, to the forceful way that he pushed us. He trained me as a showman and under his guidance I couldn't miss a step.

But what I really wanted was a Dad. I wanted a father who showed me love. And my father never did that. He never said I love you while looking me straight in the eye, he never played a game with me. He never gave me a piggyback ride, he never threw a pillow at me, or a water balloon.

Check the Vocabulary

idyllic 아주 멋진, 목가적인 | **strain** 긴장, 부담 | **affection** 애정 | **compliment** 칭찬하다 | **adept** 숙련된, 능란한 | **piggyback** 목말

저에게 멋진 어린 시절이 없었다는 것은 더 이상 놀라운 사실이 아닐 겁니다. 저와 아버지의 힘들고 불편한 관계는 상세히 밝혀졌습니다. 저의 아버지는 강인하신 분입니다. 아버지는 우리를 최고의 연예인으로 만들기 위해 아주 어릴 때부터 저희 형제들과 저를 아주 엄하게 몰아붙이셨습니다.

아버지는 애정 표시를 아주 힘들어 하셨습니다. 아버지는 정말로 저를 사랑한다는 말을 하신 적이 없고 저에게 칭찬해 주신 적도 없습니다. 제가 공연을 잘해도 그저 괜찮은 쇼였다고 말하실 분입니다. 괜찮은 평가를 받을 만한 쇼를 해도, 아버지는 아무 말씀 없으셨을 겁니다.

아버지는 다른 어떤 것보다도 우리가 상업적인 성공을 거두도록 하는 일에만 열중하신 것 같습니다. 그래서 그런 면에서는 매우 능수능란하셨습니다. 아버지는 관리의 귀재셨기 때문에 저희 형제들과 제가 직업적으로 성공하는 데 있어 아버지가 밀어붙인 강압적인 방식이 적잖이 도움이 되었습니다. 아버지는 저를 연예인으로 만들기 위해 훈련시키셨는데, 아버님의 지도를 받을 때 저는 스텝 하나도 틀리지 않아야 했습니다.

그러나 제가 정말로 원한 것은 '아빠'였습니다. 저는 저를 사랑해 주는 아버지를 원했습니다만 저의 아버지는 그러지 못했습니다. 아버지는 한 번도 제 눈을 똑바로 바라보면서 사랑한다고 말해 주신 적도 없고, 함께 게임을 하며 놀아 주신 적도 없었습니다. 목마를 태워 주신 적도 없고 저와 베개 싸움을 한 적도 없으며, 함께 물풍선을 던져 본 기억도 없습니다.

But I remember once when I was about four years old, there was a little carnival and he picked me up and put me on a pony. It was a tiny gesture, probably something he forgot five minutes later. But because of that one moment I have this special place in my heart for him. Because that's how kids are, the little things mean so much. They mean so much. For me, that one moment meant everything. I only experienced it that one time, but that one time made me feel really good, about him and the world.

But now I am a father myself, and one day I was thinking about my own children, Prince and Paris and how I wanted them to think of me when they grow up. To be sure, I would like them to remember how I always wanted them with me wherever I went, how I always tried to put them before everything else. But there are also challenges in their lives. Because my kids are stalked by paparazzi, they can't always go to a park or to the movie with me.

Check the Vocabulary

pony 조랑말 | **stalk** 몰래 추적하다

하지만 단 하나 아버지에 대한 좋은 기억이 납니다. 아마 네 살 때였을 겁니다. 작은 축제가 열렸는데, 아버지가 저를 데리고 가서 조랑말을 태워 주신 적이 있습니다. 어쩌면 아버지는 바로 잊어버렸을지도 모르는 사소한 것이었지만 그 순간의 추억 때문에 제 가슴속엔 아버지에 대한 특별한 공간이 생겼습니다. 아이들이란 그렇기 때문에 그런 작은 일들이 때로는 큰 의미로 다가옵니다. 그 한 순간이 제겐 소중한 추억입니다. 단 한 번뿐인 경험이었지만, 그 한 번으로 인해 아버지와 세상에 좋은 감정을 품게 되었습니다.

이제는 저도 아버지가 되었기 때문에 제 자녀들인 프린스와 패리스가 나중에 성장해서 나를 어떤 아빠로 기억하길 원하는지에 대해 생각해 보았습니다. 확실한 것은 저는 아이들이 나중에 저를 기억할 때 내가 어딜 가든 그들과 늘 함께하려고 했고 그 어떤 것보다도 그들을 먼저 생각하려고 했다는 것을 기억해 주길 바란다는 것입니다. 하지만 제 아이들의 삶도 힘듭니다. 제 아이들은 파파라치들에 의해 추적당해 항상 저와 함께 공원을 가거나 영화를 보러 갈 수도 없으니까요.

10-05

So what if they resent me when they grow older? What if they resent how my choices impacted their youth? "Why weren't we given an average childhood like all the other kids?" they might ask. And at that moment I pray that my children will give me the benefit of the doubt. That they will say to themselves: "Our daddy did the best he could, given the unique circumstances that he faced. He may not have been perfect, but he was a warm and decent man, who tried to give us all the love in the world."

I hope that they will always focus on the positive things, on the sacrifices I willingly made for them, and not criticize the things they had to give up, or the errors I've made, and will certainly continue to make, in raising them. For we have all been someone's child, and we know that despite the very best of plans and efforts, mistakes will always occur. That's just being human.

In a world filled with hate, we must still dare to hope. Keep hope alive. In a world filled with anger, we must still dare to comfort. In a world filled with despair, we must still dare to dream. And in a world filled with distrust, we must still dare to believe.

Check the Vocabulary

resent 원망하다, 분개하다 | **impact** 영향을 주다 | **give the benefit of the doubt** 유리하게 해석 하다, 의심스러운 일은 벌하지 않다 | **despair** 절망

그래서 아이들이 나이가 들면서 절 원망하게 되면 어쩌죠? 또 저의 선택들이 아이들의 유년기에 어떠한 영향을 준 것에 대해 절 원망하게 되면 어쩌죠? 어쩌면 왜 우리는 다른 아이들처럼 평범한 어린 시절을 보내지 못했느냐고 물을지도 모릅니다. 그런 순간에, 저는 아이들이 저를 좋게 생각해 주기를 기도합니다. 그리고 '아버지가 처한 특이한 상황을 감안하면 우리 아빠는 최선을 다했어. 완벽하지는 않았을지 모르지만, 우리에게 세상의 모든 사랑을 주려고 애쓴 따뜻하고 좋은 사람이었어.'라고 생각해 주기를 기도합니다.

저는 제 아이들이 언제나 긍정적인 부분에 초점을 맞추기를 바랍니다. 예를 들어, 제가 아이들을 위해 기꺼이 희생했던 것들을 기억했으면 합니다. 아이들이 포기해야 했던 것들을 원망하거나 아이들을 키우면서 제가 저질렀고 앞으로도 분명히 계속해서 저지르게 될 실수들은 원망하지 않으면서 말이죠. 우리는 모두가 누군가의 자식이고 부모가 아무리 최상의 계획을 세우고 노력한다고 해도 언제나 실수가 생기기 마련이라는 것을 알고 있기 때문입니다. 그게 다 인간입니다.

세상이 미움으로 가득해도 우리는 여전히 용기를 내어 희망을 가져야 합니다. 희망이 살아 있어야 하죠. 세상이 분노로 가득해도 서로 위로할 줄 알아야 합니다. 세상이 절망으로 가득해도 계속해서 꿈을 가져야 합니다. 세상이 불신으로 가득해도 우리는 믿음을 잃지 말아야 합니다.

To all of you tonight who feel let down by your parents, I ask you to let down your disappointment. To all of you tonight who feel cheated by your fathers or mothers, I ask you not to cheat yourself further. And to all of you who wish to push your parents away, I ask you to extend your hand to them instead. I am asking you, I am asking myself, to give our parents the gift of unconditional love, so that they too may learn how to love from us, their children. So that love will finally be restored to a desolate and lonely world.

Shmuley once mentioned to me an ancient Biblical prophecy which says that a new world and a new time would come, when "the hearts of the parents would be restored through the hearts of their children." My friends, we are that world, we are those children.

Mahatma Gandhi said: "The weak can never forgive. Forgiveness is the attribute of the strong." Tonight, be strong. Beyond being strong, rise to the greatest challenge of all — to restore that broken covenant. We must all overcome whatever crippling effects our childhoods may have had on our lives and in the words of Jesse Jackson, forgive each other, redeem each other and move on.

let down 실망시키다 | **desolate** 황폐한, 적막한 | **attribute** 특질, 특성 | **covenant** 약속, 계약 |
crippling effect 치명적인 결과 | **redeem** 구원하다

오늘 밤 이 자리에 부모님 때문에 실망한 분이 있다면, 더 이상 실망하지 말 것을 부탁드립니다. 또 아버지나 어머니에 의해 속았다는 기분이 드는 분이 있다면 더 이상 자신을 속이지 말라고 말하고 싶습니다. 그리고 부모님과 멀어지고 싶어 하는 분이 있다면, 먼저 손을 내밀어 보라고 말하고 싶습니다. 저는 여러분에게, 그리고 제 자신에게 무조건적인 사랑이라는 선물을 부모님께 드릴 것을 권합니다. 그러면 부모님도 그들의 자식인 우리들로부터 사랑하는 방법을 배우게 될 것입니다. 그렇게 된다면 마침내 이 황폐하고 외로운 세상에 사랑이 꽃필 것입니다.

슈물리는 '부모의 마음이 그들 자녀의 마음을 통해 돌아올 때' 새로운 세상과 새로운 시대가 올 것이라는 고대성서의 예언을 제게 언급한 적이 있습니다. 친구들이여, 우리가 바로 그 세상이며, 우리가 바로 그 아이들입니다.

마하트마 간디는 "약한 자들은 절대 용서하지 않는다. 용서는 강한 자들의 특성이다."라고 말했습니다. 오늘부터 강해지십시오. 강해지는 것을 넘어서 가장 힘든 시련에 잘 대처하십시오. 그 깨진 약속을 원상태로 되돌리기 위해서 말입니다. 어린 시절에 받은 상처가 우리 인생에 얼마나 큰 손상을 입혔든 우리는 그것을 극복해 내야 합니다. 제시 잭슨은 서로 용서하고, 서로 구원해서 새출발하라고 말했습니다.

SPEECH

11

Pearl Buck's Nobel Literature Prize Acceptance Speech

펄 벅의 노벨 문학상 수상 소감

1938년 12월 10일, 스웨덴 스톡홀름 시청

펄 벅(1892~1973)

빈농의 자식으로 태어나 대지주가 되는 왕룽을 중심으로 그의 가족의 역사를 그린 장편소설 『대지』로 노벨 문학상을 수상한 미국의 소설가이다.

그녀는 생후 수개월 만에 미국 장로교 선교사인 부모를 따라 중국으로 가 그곳에서 어린 시절을 보냈다. 오랜 중국 생활은 그녀가 자신을 중국인으로 여길 정도로 중국에 대한 애착을 갖게 하였다. 그녀는 어릴 때부터 중국의 고전문학인 『삼국지』, 『수호지』 등을 원서로 읽으며 자라났으며 훗날 미국에서 이 소설들이 출판될 때 번역을 맡기도 했다. 1910년 대학 진학을 위해 미국으로 가서 1914년 랜돌프 매콘 여자대학교를 졸업하고 중국으로 돌아갔다. 사실 미국에서도 지나치게 중국화된 성격과 사고방식으로 인해 많이 힘들었다고 한다.

1917년 농업경제학자 존 로싱 벅과 결혼하면서 벅이라는 성을 가지게 되었고 난징대학, 난둥에서 영문학을 강의했다. 1926년 일시 귀국해 코넬 대학에서 석사 학위를 취득했다. 결혼 생활은 그리 행복하지 않았고 이혼 후 출판사 사장과 재혼하게 된다. 그녀는 미국 내 아시아인들에 대한 차별을 지적하며 그들의 인권에 대해 외쳤고, 흑인 인권에도 관심을 보여서 아프리카계 미국인들의 지지를 받았다.

전 남편과의 사이에 심각한 지적 장애를 가진 딸이 한 명 있었는데, 이 딸은 벅 인생의 가장 큰 아픔이 되었다. 이 상실감을 극복하기 위해 그녀는 입양을 하게 되었는데 이런 인연으로 한국과 중국에서 미군과의 사이에서 태어난 혼혈아들의 입양을 주선하는 펄 벅 재단을 1964년 설립했다. 여성으로서는 미국 역사상 최초로 노벨 문학상을 수상한 펄 벅의 수상 소감을 읽으면서 역시 최고의 작가는 말도 기가 막히게 잘하는구나 하는 느낌을 받게 될 것이다.

11-01

It is not possible for me to express all that I feel of appreciation for what has been said and given to me. I accept, for myself, with the conviction of having received far beyond what I have been able to give in my books. I can only hope that the many books which I have yet to write will be in some measure a worthier acknowledgment than I can make tonight. And, indeed, I can accept only in the same spirit in which I think this gift was originally given — that it is a prize not so much for what has been done, as for the future. Whatever I write in the future must, I think, be always benefited and strengthened when I remember this day.

I accept, too, for my country, the United States of America. We are a people still young and we know that we have not yet come to the fullest of our powers. This award, given to an American, strengthens not only one, but the whole body of American writers, who are encouraged and heartened by such generous recognition. And I should like to say, too, that in my country it is important that this award has been given to a woman. You who have already so recognized your own Selma Lagerlöf, and have long recognized women in other fields, cannot perhaps wholly understand what it means in many countries that it is a woman who stands here at this moment. But I speak not only for writers and for women, but for all Americans, for we all share in this.

Check the Vocabulary

in some measure 다소, 얼마간 | **worthy** 가치 있는, 훌륭한 | **hearten** 격려하다, 고무하다

여러분의 찬사와 여러분이 주신 이 노벨 문학상에 대해 제가 느끼는 감사함을 말로 표현하기는 불가능합니다. 제가 책을 통해 드릴 수 있는 것 이상을 받았다는 생각이 듭니다. 앞으로 아직 쓰지 않은 많은 책들이 오늘 밤 제가 할 수 있는 것보다 다소나마 더 가치 있는 감사의 행위가 되기를 바랄 뿐입니다. 그래서 사실 저는 이 선물이 원래 주어졌던 그 정신에 입각해서만 상을 받을 수 있습니다. 이 상은 제가 한 일보다는 앞으로 할 일에 대한 상이지요. 앞으로 어떤 글을 쓰든, 그 작품들은 오늘 밤을 기억할 때 언제나 득을 보고 힘을 얻게 될 것입니다.

저는 저의 조국 미국을 위해서도 이 상을 받습니다. 우리는 아직 역사가 짧은 국민이며 아직은 우리의 힘이 충분히 발휘되지 않았다는 것을 압니다. 한 미국인에게 주어진 이 상은 그 한 사람뿐만 아니라 미국 작가 전체에게 힘을 주는 것입니다. 이들은 이렇게 너그럽게 인정받아 고무되고 사기가 올라 있습니다. 그리고 저의 조국에서는 이 상이 한 여성에게 주어졌다는 사실이 중요하다는 것도 말씀드리고 싶습니다. 귀국의 작가 셀마 라게를뢰프를 이미 인정했고 다른 분야에서 오랫동안 여성을 인정해 온 여러분들은 지금 여기 서 있는 사람이 여성이라는 사실이 많은 나라들에서 어떤 의미를 갖는지 완전히 이해하실 수는 없을 겁니다. 하지만 저는 작가들과 여성들뿐만 아니라 모든 미국인들을 대표해서 말씀드리는 겁니다. 왜냐하면 우리 모두가 이 상을 공유하기 때문이죠.

I should not be truly myself if I did not, in my own wholly unofficial way, speak also of the people of China, whose life has for so many years been my life also, whose life, indeed, must always be a part of my life. The minds of my own country and of China, my foster country, are alike in many ways, but above all, alike in our common love of freedom. And today more than ever, this is true, now when China's whole being is engaged in the greatest of all struggles, the struggle for freedom. I have never admired China more than I do now, when I see her uniting as she has never before, against the enemy who threatens her freedom. With this determination for freedom, which is in so profound a sense the essential quality in her nature, I know that she is unconquerable. Freedom — it is today more than ever the most precious human possession. We — Sweden and the United States — we have it still. My country is young — but it greets you with a peculiar fellowship, you whose earth is ancient and free.

Check the Vocabulary

---

foster 친자식[친부모]과 같은 관계에 있는 | **engage in** ~에 관여하다, 종사하다 | **peculiar** 독특한, 특유의

126

저 자신만의 온전히 비공식적인 방식으로 중국 국민들에 대해서 말하지 않는다면 저는 진정한 저 자신이 되지 못할 겁니다. 중국인들의 삶은 아주 오랫동안 저의 삶이었고 실로 언제나 제 삶의 일부임에 틀림없습니다. 제가 태어난 미국과 저를 키워 준 중국의 정신은 여러 면에서 비슷합니다. 무엇보다도 공통적으로 우리가 자유를 사랑한다는 면에서 비슷합니다. 그리고 그 어느 때보다도 중국 전체가 모든 투쟁 중에서 가장 위대한 자유를 위한 투쟁을 벌이고 있는 오늘날, 이것은 사실입니다. 저는 중국이 자유를 위협하는 적에 맞서 예전에 없었던 단결을 보여 주는 지금보다 중국에 감탄한 적이 없습니다. 자유를 위한 이러한 결의, 심오하게 중국 국민성의 본질이 되는 이러한 결의 때문에 중국을 정복할 수 없다는 것을 저는 압니다. 자유 – 이것은 오늘날 그 어느 때보다도 가장 소중한 인간의 소유물입니다. 우리 – 스웨덴과 미국 – 는 계속해서 이 자유를 갖고 있습니다. 우리나라는 역사가 짧은 나라이지만 오랜 역사를 갖고 있고 자유로운 스웨덴을 특별한 우정으로 맞이합니다.

SPEECH
12

Ernest Hemingway's
Nobel Literature Prize
Acceptance Speech

어니스트 헤밍웨이의 노벨 문학상 수상 소감

1954년 12월 10일, 스웨덴 스톡홀름 시청

어니스트 헤밍웨이(1899~1961)

미국의 소설가이자 저널리스트인 헤밍웨이는 일리노이 주 오크 파크에서 태어났다. 고등학교를 마친 이후, 이탈리아의 전방 군대에 입대하여 제1차 세계대전 때 구급차 운전사가 되기 전에는 지방 신문인 '캔자스시티 스타'지에서 몇 달 동안 인턴 기자생활을 했다.

투우와 낯선 곳을 방랑하는 여행을 좋아했던 그는 투우를 소재로 소설을 쓰기도 했으며, 긴 여행을 통해 소설에 대한 영감을 얻기도 하였다.

한편, 그는 1921년 첫 번째 아내인 해들리 리처드슨과 결혼한 것을 시작으로 반복되는 이혼과 재혼 끝에 런던에서 네 번째 부인 메리 웰시를 만났다.

1952년 출간한 『노인과 바다』가 대작으로 평가되어 1954년 노벨 문학상을 수상하게 되는데 항공기 사고로 입은 중상 때문에 시상식에는 참석하지 못하고 대신 미국 대사가 수상 소감을 낭독했다.

1차 대전 때 입은 부상, 두 차례 항공기 사고 등으로 인생 말년 대부분을 통증에 시달리다 1961년 아이다호에 있는 자신의 집에서 엽총으로 자살하여 생을 마감했다.

No writer who knows the great writers who did not receive the Prize can accept it other than with humility. There is no need to list these writers. Everyone here may make his own list according to his knowledge and his conscience.

It would be impossible for me to ask the Ambassador of my country to read a speech in which a writer said all of the things which are in his heart. Things may not be immediately discernible in what a man writes, and in this sometimes he is fortunate; but eventually they are quite clear and by these and the degree of alchemy that he possesses he will endure or be forgotten.

Writing, at its best, is a lonely life. Organizations for writers palliate the writer's loneliness but I doubt if they improve his writing. He grows in public stature as he sheds his loneliness and often his work deteriorates. For he does his work alone and if he is a good enough writer he must face eternity, or the lack of it, each day.

Check the Vocabulary

humility 겸손 | **discernible** 식별할 수 있는 | **alchemy** 연금술 | **palliate** 일시적으로 완화시키다 | **stature** 성장, 발달, 달성 | **deteriorate** 타락하다, 악화하다 | **eternity** 영원한 진리, 불멸

노벨상을 수상하지 못한 위대한 작가들을 알고 있는 작가라면 이 상을 겸허히 받지 않을 수 없습니다. 이분들의 이름을 밝힐 필요는 없습니다. 여기 계신 모든 분들은 본인들의 학식과 양심에 따라 스스로 명단을 작성할 수도 있습니다.

한 작가가 자신의 마음속에 있는 모든 것을 말한 연설문을 읽어 달라고 조국의 대사님께 부탁한다는 것이 제겐 불가능한 일이었습니다. 한 사람이 글로 쓴 것들은 즉시 이해되지 못할 수도 있는데 이 점에서 때로 그는 운이 좋은 사람입니다. 하지만 결국 그 의미는 아주 명확해지며 이것들과 그가 보유한 연금술의 정도에 따라 그는 견디어 내거나 잊히게 될 것입니다.

최상의 집필은 외로운 삶입니다. 문인들을 위한 단체들은 작가들의 외로움을 일시적으로 완화시켜 주기는 하지만, 그것이 그 작가의 글을 향상시킨다고는 생각하지 않습니다. 작가는 자신의 외로움에서 탈피하면서 명성이 높아지기는 하지만 흔히 그의 작품은 퇴보합니다. 작가는 혼자 작품을 쓰기 때문에, 그가 훌륭한 작가라면 매일 영원한 진리나 진리의 결핍과 직접 부딪쳐야 합니다.

For a true writer each book should be a new beginning where he tries again for something that is beyond attainment. He should always try for something that has never been done or that others have tried and failed. Then sometimes, with good luck, he will succeed.

How simple the writing of literature would be if it were only necessary to write in another way what has been well written. It is because we have had such great writers in the past that a writer is driven far out past where he can go, out to where no one can help him.

I have spoken too long for a writer. A writer should write what he has to say and not speak it. Again I thank you.

진정한 작가에게 있어 모든 저서는 도달할 수 없는 어떤 것을 얻기 위해 다시 시도하는 새로운 시작이 되어야 합니다. 그는 늘 지금까지 이루어진 적이 없는 것이나 다른 사람들이 시도했다가 실패한 뭔가를 얻기 위해 노력해야 합니다. 때로 대단한 행운이 따르게 되면, 그는 성공할 것입니다.

잘 쓴 글을 다른 방법으로 쓰는 것만 필요하다면 문학작품 집필은 아주 단순한 작업일 것입니다. 한 작가가 갈 수 있는 곳을 지나 멀리, 아무도 그를 도와줄 수 없는 곳까지 내몰리는 것은 과거에 대단히 훌륭한 작가들이 있었기 때문입니다.

작가가 너무 장시간 말을 했습니다. 작가는 해야 할 말을 글로 써야지 말로 해서는 안됩니다. 다시 한 번 감사드립니다.

SPEECH

13

Winston Churchill's
"This Was Their Finest Hour" Speech

윈스턴 처칠의 '이때가 가장 좋은 시절이었다' 연설

1940년 6월 18일, 영국 웨스트민스터 하원의사당

윈스턴 처칠(1874~1965)

샌드 허스트 육사를 졸업한 윈스턴 처칠은 정치가로 유명하지만 베스트셀러 작가이기도 했다. 육군 장관, 해군 장관, 재무 장관 등을 역임하다가 수상이 되었으며, 총선 패배 후 수상의 자리에서 내려왔다가 1951년 재취임하게 된다. 『제2차 세계대전』으로 노벨 문학상을 수상한 처칠은 1946년 3월 미국 미주리 주 작은 도시 풀턴에 있는 웨스트민스터 대학교에서 행한 철의 장막 연설, 1940년 5월 영국 하원에서 행한 피와 눈물, 땀밖에 드릴 게 없다는 명연설 등으로 세계적인 명연설가 반열에 올라 있다. 완벽하게 고쳐질 때까지 문장을 다듬는 영국 최고의 명연설가 처칠의 주옥같은 명문장들을 통해 영어의 진수를 맛보자.

이 연설은 나치가 점령한 프랑스가 함락되는 상황에 놓였을 때 윈스턴 처칠이 1940년 6월 18일 웨스트민스터 하원의사당에서 행한 연설이다. 영국 역사상 가장 암울했던 시기에 전혀 뒤로 물러서지 않고 결연하고 대담한 연설을 통해 다가올 결전에 대비하는 영국 국민의 기백을 살리려 했다는 평가를 받았다. 노벨 문학상 수상자답게 항상 연설문을 직접 쓰는 처칠의 대표적인 명연설문 중 하나인데 처칠 연설의 특징 중 하나는 너무 고급스러운 문장들을 구사하여 때로 한두 문장을 번역하는 데 10분 이상 걸리기도 한다는 것이다.

The disastrous military events which have happened in France during the last fortnight have not come to me with any sense of surprise. Indeed, I told the House of Commons, as you may remember, almost exactly a fortnight ago that the worst possibilities were open; and I made it perfectly clear that whatever happened in France would make no difference to the resolve of Britain and the British Empire to fight on, as I said then, "if necessary for years, if necessary alone." During the last few days we have successfully brought off the great majority of the troops we had on the line of communication in France; and seven-eighths of all the troops we have sent to France since the beginning of the war — that is to say, about 350,000 out of 400,000 men — are safely back in this country. Others are still fighting with the French. We have also brought back a great mass of stores, rifles and munitions of all kinds which had been accumulated in France during the last nine months.

Check the Vocabulary

fortnight 2주일(간) | **resolve** 결의, 결심 | **munition** 군수품

지난 2주 동안 프랑스에서 발생한 군사적 재난에 대해 저는 그리 놀라지 않았습니다. 사실 기억하실지 모르겠습니다만 거의 정확히 2주 전에 저는 의회에서 최악의 가능성이 열려 있다는 사실을 밝힌 바 있습니다. 그리고 프랑스에서 무슨 일이 일어난다 해도 영국과 대영제국의 결의에는 변화가 없을 것이며 '필요하다면 몇 년씩, 필요하다면 홀로라도' 계속해서 싸울 것임을 저는 분명히 했습니다. 지난 며칠 동안 우리는 전쟁 발발 이후 프랑스에 나가 있는 우리 부대 대다수의 통신선을 성공적으로 확보하였고 프랑스에 파병된 병력의 7/8, 즉 40만 중 35만 명이 무사히 귀환했습니다. 남은 병력은 지금도 프랑스군과 함께 싸우고 있습니다. 우리는 또한 지난 9개월 동안 프랑스에 축적해 놓은 다량의 각종 소총 및 군수품들을 본국으로 다시 가져왔습니다.

Check the Vocabulary

We have, therefore, in this Island today a very large and powerful military force. This force includes all our best-trained troops and our finest troops, including scores of thousands of those who have already measured their quality against the Germans and found themselves at no disadvantage. We have under arms at the present time in this Island over a million and a quarter men. Behind these we have the Local Defense Volunteers, numbering half a million, only a portion of whom, however, are yet armed with rifles or other firearms. We have incorporated into our Defense Forces every man for whom we have a weapon. We expect very large additions to our weapons in the near future, and in preparation for this we intend forthwith to call up, drill and train further large numbers. Those who are not called up, or else are employed upon the vast business of munitions production in all its branches — and their ramifications are innumerable — those who are not so employed or required will serve their country best by remaining at their ordinary work until they receive their summons.

We have also over here Dominions armies. The Canadians had actually landed in France, but have now been safely withdrawn, they were much disappointed, but in perfect order, with all their artillery and equipment. And these very high-class forces from the Dominions will now take part in the defense of the Mother Country.

Check the Vocabulary

forthwith 곧 | **call up** 소집하다 | **ramification** 효과, 결과 | **innumerable** 셀 수 없이 많은 | **summon** 소환, 호출 | **artillery** 대포 | **Dominion** 캐나다 자치령

따라서 지금 우리 영국에는 강력한 대규모 군대가 주둔해 있습니다. 우리 군에는 최상의 훈련을 받은 최정예 군대가 포함되어 있습니다. 이 중 수만 명은 이미 독일군과의 전투에서 그 우수함을 입증했고, 불리한 입장에 처하지도 않았습니다. 현재 영국에 무장 전투태세를 갖추고 있는 병력은 125만이 넘습니다. 이 뒤에 50만 지역의용군이 배치되어 있지만 이 중 일부는 아직은 소총이나 기타 화기로 무장되어 있습니다. 우리는 무기를 소지하게 되는 모든 군인을 방위대에 통합시켰습니다. 조만간 상당량의 무기가 추가될 것으로 예상되며 이에 대비해 곧 추가 병력을 소집하여 훈련하고 교육시킬 것입니다. 소집되지 않은 많은 분들은 각 진영에서 방대한 군수품 생산에 투입되었으며 그에 따른 효과는 엄청나죠. 고용되거나 요청되지 않은 분들은 국가가 호출할 때까지 각자 일상적인 일을 하면서 최선을 다해 조국에 봉사할 것입니다.

또한 우리에게는 영연방 자치령 군대도 있습니다. 캐나다 군은 실제로 프랑스에 도착했지만 몹시 실망한 뒤 무사히 철수했습니다. 하지만 그들 역시 대포와 군사 장비를 갖춰 일사분란하게 움직였습니다. 영연방의 바로 이 최정예 부대는 이제 조국 방어에 참여하게 될 것입니다.

Check the Vocabulary

Mother Country 본국, 조국, 모국

Lest the account I have given of these large forces we have in this country should raise the question: Why did they not intervene in the battle in France? I must make it clear that, apart from the divisions training and organizing at home, only 12 divisions were equipped to fight upon a scale which justified their being sent abroad. And this was fully up to the number which the French had been led to expect would be available at the ninth month of the war. The rest of our forces at home have a fighting value for home defense which will, of course, steadily increase every week that passes. Thus, the invasion of Great Britain would at this time require the transportation across the sea of hostile armies on a very large scale, and after they had been so transported they would have to be continually maintained with all the immense masses of munitions and supplies which are required for continuous battle — as continuous battle it will surely be.

Check the Vocabulary

lest ~하지 않을까 | account 설명, 기술, 이야기 | intervene 개입하다

우리 대군에 대한 제 설명을 듣고 '왜 그들은 프랑스 대전에 개입하지 않았는가?'라고 질문하실까 봐 분명히 말씀드립니다. 국내에서 조직되어 훈련받은 사단을 제외하고 해외 파병을 고려해 12개 사단만이 전투태세를 갖췄습니다. 이 정도면 전쟁 9개월째에 접어든 프랑스가 충분히 기대할 만한 병력이었습니다. 국내에 있는 나머지 병력은 조국 방위에 적합한 규모이며, 물론 이 병력은 매주 꾸준히 증대될 것입니다. 따라서 지금 적군이 대영제국을 공격하기 위해서는 바다를 건널 대규모 운송 수단을 동원해야 하며, 그렇게 수송된다 해도 장기전에 필요한 상당량의 군수품과 물자 조달이 유지되어야 할 것입니다. 전쟁은 분명 계속될 테니까요.

Now, here is where we come to the Navy — after all, we have a Navy. Some people are inclined to forget that we have a Navy. We must remind them. For more than thirty years I have been concerned in discussions about the possibilities of oversea invasion, and I took the responsibility on behalf of the Admiralty, at the beginning of the last war, of allowing all the regular troops to be sent out of the country. That was a very serious step to take, because our Territorials had only just been called up and were quite untrained. Therefore, this Island was for several months particularly denuded of fighting troops.

Check the Vocabulary

Admiralty 해군 본부 | **regular troops** 상비군 | **territorial** 영국의 국방 의용군 병사 | **denude** ~에서 벗기다, ~에서 빼앗다

이제 해군 얘기를 하겠습니다. 그래요. 우리에겐 해군이 있습니다만 이 사실을 잊어버리려는 사람들도 있습니다. 우리는 그들에게 일깨워 주어야 합니다. 저는 지난 30년간 외국의 침략 가능성을 논의해 왔고 지난 전쟁이 발발했을 때 모든 상비군의 해외 파병을 허용하면서 해군 본부를 대신해 그 책임을 제가 졌습니다. 당시 우리의 국방 의용군 병사들은 소집된 지 얼마 안 되었고 훈련도 전혀 안 되었기 때문에 그런 결정을 내리기가 쉽지 않았습니다. 따라서 우리나라는 몇 달 동안 특별히 전투 병력이 없는 상태였습니다.

Now, the Navy have never pretended to be able to prevent raids by bodies of 5,000 or 10,000 men flung suddenly across and thrown ashore at several points on the coast some dark night or foggy morning. The efficacy of sea power, especially under modern conditions, depends upon the invading force being of large size so that the Navy have something they can find and meet and, as it were, something they can bite on. Now, that even five divisions, they lightly equipped, would require 200 to 250 ships, and with modern air reconnaissance and photography it would not be easy to collect such an armada, marshal it, and conduct it across the sea without any powerful naval forces to escort it; and there would be very great possibilities, to put it mildly, that this armada would be intercepted long before it reached the coast, and all the men drowned in the sea or, at the worst blown to pieces with their equipment while they were trying to land.

Check the Vocabulary

air reconnaissance 공중 정찰 | **armada** 함대 | **drown** 익사하다

현재 우리 해군은 5천에서 만 명 정도의 적군이 캄캄한 밤이나 안개 낀 아침에 우리 해상을 가로질러 해안 몇 곳을 덮치는 기습을 막을 수 없습니다. 특히 지금처럼 현대화된 상황에서 해군의 효력은 적군이 대규모로 침략하느냐에 따라 다릅니다. 침략이 대규모로 이루어져야 우리 해군이 그들을 찾아 대응할 수 있습니다. 말하자면 물어뜯어버릴 수 있는 거죠. 이제는 가볍게 준비된 5개 사단이라 해도 200에서 250척 정도의 배가 필요하며 현대화된 공중 정찰과 사진술 때문에 강력한 해군부대의 호위 없이 이런 함대를 집결, 통제, 지휘하는 것이 쉽지 않을 것입니다. 또한 조심스럽게 말하자면 이 함대는 해안에 닿기도 전에 저지되어 모든 장병들이 익사하거나 최악의 경우 상륙을 시도하다가 전 부대원들의 장비가 폭파될 가능성도 큽니다.

We have also a great system of minefields, recently strongly reinforced, through which we alone know the channels. If the enemy tries to sweep passages through these minefields, it will be the task of the Navy to destroy the mine-sweepers and any other forces employed to protect them. There ought be no difficulty in this, owing to our great superiority at sea. The question is whether there are any new methods by which these solid assurances can be circumvented. Odd as it may seem, some attention has been given to this by the Admiralty, whose prime duty and responsibility is to destroy any large sea-borne expedition before it reaches, or at the moment when it reaches, these shores. It wouldn't be a good thing for me to go into details of this.

Check the Vocabulary

minefield 지뢰밭 | **mine sweeper** 소해정 | **circumvent** 회피하다

우리에게는 최근 강화시킨 방대한 지뢰밭도 있습니다. 우리 군만 그 위치를 알고 있습니다. 적군이 이 지뢰밭을 제거하려 한다면 그 소해정 파괴는 해군이 할 일이며 기타 다른 군을 이용하여 지뢰밭을 지킬 것입니다. 우리 해군의 월등한 군사력 때문에 이 일은 어려움 없이 해낼 것입니다. 문제는 이 확실한 보장책을 피해 갈 새로운 방법이 있는 것 아니냐입니다. 이상해 보일지 모르지만 이 점에 대해서 우리 해군은 주의를 기울였습니다. 그 어떤 규모의 해상 원정군도 우리 해안에 도달하기 전에 또는 도달하는 순간 격퇴시키는 것이 우리 해군의 주 임무이자 책임이기 때문입니다. 이 문제에 대해서는 상세히 밝히지 않는 것이 좋을 것입니다.

All I will say is that untiring vigilance and untiring searching of the mind is being, and must be, devoted to the subject, because, remember, the enemy is crafty, cunning and full of novel treacheries and stratagems. There is no dirty trick he will not do. This brings me to the great question of invasion from the air, and of the impending struggle between the British and German Air Forces. It seems quite clear that no invasion on a scale beyond the capacity of our land forces to crush speedily is likely to take place from the air until our Air Force has been definitely overpowered. In the meantime, there may be raids by parachute troops and attempted descents of airborne soldiers. We ought be able to give those gentry a warm reception both in the air and also if they reach the ground in any condition to continue the discussion.

Check the Vocabulary

untiring 지칠 줄 모르는 | vigilance 경계, 조심 | crafty 교활한 | treachery 계략, 배신 | stratagem 책략 | impending 임박한 | crush 분쇄하다, 으깨다 | descent 강하

제가 말씀드릴 수 있는 것은 이 문제에 대해서 지칠 줄 모르는 경계태세 유지가 헌신적이어야 한다는 겁니다. 왜냐하면, 기억하십시오. 적은 교활하고, 간교하고, 기발한 계략과 술수에 능하며 그 어떠한 계략도 마다하지 않을 것입니다. 공중 폭격이 일어나고 그리하여 영국과 독일 공군 간 전투가 임박한다면 어떻게 될지 몹시 궁금합니다. 우리 공군이 절대적으로 제압당하지 않는 한 우리 육군력을 빠른 속도로 박살 낼 정도의 폭격은 발생하지 않을 것임이 확실해 보입니다. 그렇지만 낙하산 부대의 급습이나 공수부대의 낙하 시도는 있을 수 있습니다. 우리는 공중과 육지에서 이들이 어떤 상태에서든 분란을 계속 일으킨다면 이들에게 맹렬한 반격을 가할 수 있어야 합니다.

gentry 무리, 패거리 | **warm reception** 맹렬한 공격에 대한 격렬한 반격, 단단히 보답해 주기, 따뜻한 접대

But the great question is: Can we break Hitler's air weapon? Now, of course, it is a very great pity that we have not got an Air Force at least equal to that of the most powerful enemy within reach of our shores. We promised that 5 years ago. But we have a very powerful Air Force which has proved itself far superior in quality, both in men and in many types of machine, to anything we have met so far in the numerous and fierce air battles which have been fought with the Germans. In France, where we were at a considerable disadvantage and lost a lot of machines on the ground when they were standing round the aerodromes, in France we were accustomed to inflict in the air losses of two and two-and-a-half to one. In the fighting over Dunkirk, which was a sort of no-man's-land, we undoubtedly beat the German Air Force, and gained the mastery of the local air, inflicting here a loss of three or four to one day after day.

Check the Vocabulary

aerodrome 비행장 | **inflict** 입히다, 가하다

하지만 중대한 문제는 우리가 히틀러의 공중 무기를 파괴할 수 있는가?입니다. 물론 안타깝게도 현재 우리의 공군력은 우리 해안에서 손이 닿는 곳에 있는 최강의 적군과 최소한 동등한 수준은 아닙니다. 우리는 5년 전에 그걸 약속한 바 있습니다. 하지만 지금까지 독일군과 벌인 수많은 치열한 공중전에서 보여 주었듯이 우리 공군은 병사와 여러 가지 무기의 질에 있어서 독일군보다 훨씬 우수합니다. 프랑스에서는 우리 육군이 몹시 불리한 상황에 몰리면서 적군의 비행기가 지상으로 내려왔을 때 많은 무기를 잃었지만 공중전에서는 적군의 전투기를 2.5대당 한 대 꼴로 격추시켰습니다. 무인지대나 다름없던 됭케르크 전투에서는 우리가 독일군을 확실하게 물리치면서 그 지역 하늘을 장악했고 매일 적의 전투기를 서너 대 당 한 대 꼴로 타격을 입혔습니다.

There remains, of course, the danger of bombing attacks, which will certainly be made very soon upon us by the numerous bomber forces of the enemy. It is quite true that their bomber force is superior in numbers to ours; but we have a very large bomber force also, which we shall use to strike at military targets in Germany without intermission. I do not at all underrate the severity of the ordeal which lies before us; but I believe our countrymen will show themselves capable of standing up to it and carry on in spite of it, at least as well as any other people in the world. Much will depend upon this; every man and woman will have the chance to show the finest qualities of their race, and render the highest service to their cause. For all of us, whatever our sphere, our station, it will be a help to think of the famous lines: He nothing common did or mean / Upon that memorable scene.

Check the Vocabulary

intermission 휴식 시간, 중지 | **underrate** 과소평가하다 | **severity** 가혹, 엄격 | **ordeal** 시련 | **stand up to** 과감히 맞서다

물론 폭격의 위험은 여전히 남아 있습니다. 분명 수많은 적의 전폭기들의 폭격 위험이 우리에게 곧 닥쳐올 것입니다. 그들의 폭격 부대가 우리보다 수적으로 우세하다는 것은 사실입니다. 하지만 우리 역시 막강한 폭격 부대를 보유하고 있어 독일 내 군사적 목표물들을 중단 없이 공격할 것입니다. 우리 앞에 놓인 혹독한 시련을 과소평가하는 것이 절대 아닙니다. 다만 저는 우리 국민들이 적어도 전 세계 다른 모든 국민들과 마찬가지로 적들에 맞서 계속 싸울 것이라고 믿습니다. 이번 전쟁에 많은 것이 달려 있습니다. 전 세계 남녀 모두가 그들 민족의 가장 우수한 자질을 보여 주고 고귀한 목표를 위해 숭고하게 헌신할 기회를 갖게 될 것입니다. 계층이나 지위를 막론하고 '그는 아무나 할 수 없고 흔하지도 않은 일을 했노라. 저 잊지 못할 장면에서'라는 그 유명한 구절에 대한 생각은 우리에게 도움이 될 것입니다.

I have thought it right upon this occasion to give you some indication of the solid, practical grounds upon which we base our inflexible resolve to continue the war. There are a good many people who say, "Never mind. Win or lose, sink or swim, better die than submit to tyranny — and such a tyranny." And I do not dissociate myself from them. But I can assure you that our professional advisers of the three Services, our able men, unitedly advise that we should carry on the war, and that we are able to carry on the war and there are good and reasonable hopes of final victory.

However matters may go in France or with the French Government, or other French Governments, we in this Island and in the British Empire will never lose our sense of comradeship with the French people. If we are now called upon to endure what they have been suffering, we shall emulate their courage, and if final victory rewards our toils they shall share the gains, aye, and freedom shall be restored to all. We abate nothing of our just demands; not one jot or tittle do we recede. Czechs, Poles, Norwegians, Dutch, and Belgians have joined their causes to our own. All these shall be restored.

comradeship 우정, 동지 의식 | emulate 모방하다 | toil 노력, 수고 | abate 줄이다 | jot 아주 조금 | tittle 조금도 ~ 않는 | recede 물러나다, 감소하다, 약해지다

현 상황에서 저는 의원님들께 전쟁을 계속해야 한다는 확고한 결단을 지지해 줄 든든하고 현실적인 말을 드려야 옳다고 생각했습니다. 이렇게 말하는 사람들이 많습니다. "걱정하지 말라. 승리하든 패배하든, 죽든 살든, 압제에 그런 압제에 굴복하느니 차라리 죽는 게 낫다."라고요. 저는 저 자신을 이분들과 분리시키지 않습니다. 하지만 분명히 말씀드릴 수 있습니다. 우리의 유능한 3군의 전문적인 참모들은 우리에게 전쟁을 계속 치러야 하고, 전쟁을 계속 수행할 수 있으며 최종 승리에 대한 확실하고 합당한 기대가 있다고 말해 주고 있다고요.

프랑스나 프랑스 정부, 또는 프랑스 연방 정부에 어떤 상황이 벌어진다 하더라도 우리 대영제국 국민들은 프랑스 국민들과의 동지의식을 결코 잊지 않을 것입니다. 프랑스인들이 겪은 고통을 이제는 우리가 겪어야 한다면 우리는 그들의 용기를 본받을 것입니다. 그리고 마침내 최종 승리로 우리의 노력이 보상받게 되면 우리는 그 보상을 프랑스인들과 함께할 것이고 모두가 자유를 되찾게 될 것입니다. 우리는 우리의 정당한 요구를 조금도 덜어 내지 않을 것입니다. 단 한 걸음도 물러서지 않을 것입니다. 체코, 폴란드, 노르웨이, 네덜란드, 벨기에 국민들이 우리의 대의에 동참했습니다.

Check the Vocabulary

What General Weygand called the Battle of France is over. The Battle of Britain is about to begin. Upon this battle depends the survival of Christian civilization. Upon it depends our own British life, and the long continuity of our institutions and our Empire. The whole fury and might of the enemy must very soon be turned on us. Hitler knows that he will have to break us in this Island or lose the war. If we can stand up to him, all Europe may be free and the life of the world may move forward into broad, sunlit uplands. But if we fail, then the whole world, including the United States, including all that we have known and cared for, will sink into the abyss of a new Dark Age made more sinister, and perhaps more protracted, by the lights of perverted science. Let us therefore brace ourselves to our duties, and so bear ourselves that, if the British Empire and its Commonwealth last for a thousand years, men will still say, "This was their finest hour."

Check the Vocabulary

upland 고지 | **abyss** 나락, 심연 | **sinister** 사악한 | **protracted** 연장된, 오래 끈 | **perverted** 왜곡된 | **brace oneself** (마음, 결의를) 다지다 | **bear oneself** 처신하다, 행동하다

베이강 장군이 표현한 프랑스 전쟁은 끝났습니다. 이제는 영국 전쟁이 시작될 것입니다. 기독교 문명의 생존이 이 전투에 달려 있습니다. 우리 영국인의 목숨, 우리 제도와 우리 제국의 장기 지속 여부가 이 전투에 달려 있는 것입니다. 적군의 맹렬한 기세와 막강한 군사력은 조만간 우리의 것이 될 것입니다. 히틀러는 우리를 무너뜨리지 못하면 이 전쟁에서 패한다는 것을 알고 있습니다. 우리가 그에 맞서 이길 수 있다면 전 유럽이 자유로워질 것이며 세계인의 삶은 더 넓고 밝은 고지를 향해 나갈 것입니다. 하지만 우리가 패하면, 미국을 포함한 전 세계가, 우리가 알고 있고 우리가 사랑하는 모든 사람들을 포함한 전 세계가 새로운 암흑의 시대라는 나락에 빠지고 말 것입니다. 왜곡된 과학이라는 빛 아래서 더욱 사악해진 세상을 어쩌면 더 오랫동안 봐야 될지도 모릅니다. 그러니까 여러분, 우리의 의무를 다하기 위해 단단히 대비해 행동해서 우리 대영제국과 영연방이 천년 동안 지속된다면 후대 사람들이 "이때가 가장 좋은 시절이었다."라고 말하게 합시다.

Martin Luther King Jr.'s
Nobel Peace Prize
Acceptance Speech

마틴 루터 킹의 노벨 평화상 수상 소감

1964년 12월 10일, 노르웨이 오슬로

마틴 루터 킹(1929~1968)

마틴 루터 킹 목사는 1968년 4월 4일 테네시 주 멤피스의 한 모텔에서 암살되기 전까지 미국 내 인종차별을 끝내기 위한 비폭력저항운동을 펴 온 대표적인 흑인 인권운동가이다. 흑인인권운동에 대한 공로로 35세 때 노벨평화상을 수상했으며, 미국에서는 킹 목사의 생일인 1월 15일에 가까운 1월 세 번째 월요일을 국가 공휴일로 지정하여 매년 그를 기리고 있다. 그는 1963년 8월 23일 노예해방 100주년을 맞아 워싱턴에서 열린 평화행진 때 링컨 기념관 앞에서 그 유명한 'I have a dream(나에게는 꿈이 있습니다)'이라는 명연설을 했다. 이 연설은 역사상 최고의 연설을 꼽을 때 빠지지 않고 수위를 다툴 정도로 유명하며, 마틴 루터 킹 역시 역사에서 손꼽히는 명연설가다. 독자 여러분은 킹 목사의 노벨 평화상 수상 소감을 한 줄 한 줄 읽어 내려가면서 왜 그가 역사에 남는 명연설가인지 다시 한 번 확인할 수 있을 것이다.

I accept the Nobel Prize for Peace at a moment when 22 million Negroes of the United States are engaged in a creative battle to end the long night of racial injustice. I accept this award on behalf of a civil rights movement which is moving with determination and a majestic scorn for risk and danger to establish a reign of freedom and a rule of justice. I am mindful that only yesterday in Birmingham, Alabama, our children, crying out for brotherhood, were answered with fire hoses, snarling dogs and even death. I am mindful that only yesterday in Philadelphia, Mississippi, young people seeking to secure the right to vote were brutalized and murdered. I am mindful that debilitating and grinding poverty afflicts my people and chains them to the lowest rung of the economic ladder.

Therefore, I must ask why this prize is awarded to a movement which is beleaguered and committed to unrelenting struggle; to a movement which has not yet won the very peace and brotherhood which is the essence of the Nobel Prize.

Check the Vocabulary

majestic 위엄 있는, 장엄한 | **scorn** 경멸, 냉소 | **reign** 지배, 통치(권) | **snarl** 으르렁거리다 | **brutalize** 잔인한 짓을 하다 | **debilitate** 쇠약하게 하다 | **grinding** 계속해서 고통을 주는

저는 미국의 2,200만 흑인들이 오랫동안 지속된 인종차별의 암흑기를 종식시키기 위한 창조적인 투쟁을 벌이고 있는 시기에 이 노벨평화상을 수상하게 되었습니다. 저는 결연히 나아가고 있는 인권운동, 그리고 자유와 정의가 지배하는 세상을 건설하는 데 따르는 모험과 위험에 대한 장엄한 경멸을 대신하여 이 상을 받아들입니다. 바로 얼마 전에 앨라배마 주 버밍햄에서 우리 자녀들이 형제애를 외치다가 소방용 호스의 공격을 받았고, 으르렁거리는 개들로부터 위협을 받았으며, 심지어 죽기까지 했다는 사실을 잊지 않고 있습니다. 그리고 바로 얼마 전에 미시시피 주 필라델피아에서 투표권을 획득하려던 젊은이들이 비인간적인 취급을 당하고 살해당했다는 사실을 저는 잊지 않고 있습니다. 심신을 약화시키면서 끝없이 계속되는 가난이 국민을 괴롭히고 경제적으로 최하층에 묶어 놓고 있다는 사실을 저는 잊지 않고 있습니다.

따라서 저는 왜 이 상이 포위당한 채 끊임없는 투쟁을 벌이는 이 운동, 즉 노벨상의 진수인 평화와 인류동포주의를 성취하지 못한 이 운동에 수여되는지 그 이유를 물어봐야 합니다.

Check the Vocabulary

afflict 괴롭히다, 시달리게 하다 | rung (사회적) 단계, (사닥다리의) 단 | beleaguer 포위공격하다, 괴롭히다 | committed 헌신하는 | unrelenting 가차 없는, 잔인한

161

After contemplation, I conclude that this award which I receive on behalf of that movement is a profound recognition that nonviolence is the answer to the crucial political and moral question of our time — the need for man to overcome oppression and violence without resorting to violence and oppression. Civilization and violence are antithetical concepts. Negroes of the United States, following the people of India, have demonstrated that nonviolence is not sterile passivity, but a powerful moral force which makes for social transformation. Sooner or later all the people of the world will have to discover a way to live together in peace, and thereby transform this pending cosmic elegy into a creative psalm of brotherhood. If this is to be achieved, man must evolve for all human conflict a method which rejects revenge, aggression and retaliation. The foundation of such a method is love.

Check the Vocabulary

contemplation 숙고, 명상 | resort to ~에 호소하다 | antithetical 정반대의, 대조되는 | sterile 무익한 | passivity 수동성, 무저항 | pend 미결인 채로 있다 | cosmic 중대한, 난해한

심사숙고한 끝에, 저는 그 운동을 대표하여 제가 받는 이 상은 비폭력이 우리 시대의 중요한 정치적, 도덕적 문제에 대한 해법임을 강력하게 인정하는 것이라고 결론 내립니다. 인간이 폭력과 억압에 의존하지 않고 억압과 폭력을 극복할 필요성 말입니다. 문명과 폭력은 정반대 개념입니다. 미국의 흑인들은 인도 국민들처럼 비폭력은 무익한 무저항이 아니라 사회적 변혁에 기여하는 강력한 도덕적 힘이라는 사실을 보여 주었습니다. 조만간 전 세계인들은 다 함께 평화롭게 살기 위한 방법을 발견해서 해결되지 않은 이 심각한 비가를 형제애의 창조적인 찬가로 변화시켜야만 할 것입니다. 이것이 성취되려면, 인간은 인류의 모든 갈등을 해결하기 위해 복수, 공격 및 보복을 거부하는 방법을 발전시켜야 합니다. 그러한 방법의 토대는 사랑입니다.

elegy 비가, 애가 | **psalm** 찬송가, 찬미가 | **evolve** 발전시키다, 이끌어 내다 | **revenge** 복수, 보복 | **retaliation** 앙갚음, 보복

The tortuous road which has led from Montgomery, Alabama to Oslo bears witness to this truth. This is a road over which millions of Negroes are travelling to find a new sense of dignity. This same road has opened for all Americans a new era of progress and hope. It has led to a new Civil Rights Bill, and it will, I am convinced, be widened and lengthened into a super highway of justice as Negro and white men in increasing numbers create alliances to overcome their common problems.

I accept this award today with an abiding faith in America and an audacious faith in the future of mankind. I refuse to accept despair as the final response to the ambiguities of history. I refuse to accept the idea that the "isness" of man's present nature makes him morally incapable of reaching up for the eternal "oughtness" that forever confronts him. I refuse to accept the idea that man is mere flotsam and jetsam in the river of life, unable to influence the unfolding events which surround him. I refuse to accept the view that mankind is so tragically bound to the starless midnight of racism and war that the bright daybreak of peace and brotherhood can never become a reality.

Check the Vocabulary

tortuous 우여곡절의, 구불구불한 | audacious 대담한 | ambiguity 애매(함), 모호 | isness 현실성, 존재성 | eternal 불변의, 영원한 | oughtness 당위성 | flotsam and jetsam 허섭스레기

앨라배마 주 몽고메리에서부터 여기 오슬로에 이르는 우여곡절 많은 이 길이 이러한 진리를 입증합니다. 이 길은 수백만 명의 흑인들이 새로운 의미의 인간 존엄성을 찾기 위해 걸어가고 있는 길입니다. 이 동일한 길이 모든 미국인에게 전진과 희망의 새 시대를 열어 주었습니다. 이 길은 새로운 시민권 법안에 이르게 했으며 점점 더 많은 수의 흑인과 백인들이 연합해서 공동의 문제를 극복할 때 정의로운 초고속도로로 넓어지고 길어질 것이라고 확신합니다.

저는 오늘 미국에 대한 지속적인 믿음과 인류의 미래에 대한 담대한 믿음을 가지고 이 상을 받아들입니다. 저는 절망이 역사의 모호성에 대한 최후의 답변이라고 인정하지 않습니다. 저는 인간의 현재에 바탕을 둔 '현실'이 그가 영원히 직면하게 되는 영원한 '당위성'에 도달하는 것을 도덕적으로 불가능하게 한다는 생각을 거부합니다. 저는 인간이 단지 삶이라는 강물에 떠다니는 쓸모없는 존재일 뿐이며, 자신의 주변에서 벌어지고 있는 일들에 영향을 미칠 수 없다는 생각을 거부합니다. 인류는 인종차별과 전쟁이라는 암흑에 빠지도록 비극적으로 운명 지어져 평화와 형제애가 실현되는 희망찬 미래는 결코 오지 않을 것이라는 생각을 받아들이지 않습니다.

Check the Vocabulary

unfold 펼쳐지다, 전개되다

14-04

I refuse to accept the cynical notion that nation after nation must spiral down a militaristic stairway into the hell of nuclear annihilation. I believe that unarmed truth and unconditional love will have the final word in reality. This is why right temporarily defeated is stronger than evil triumphant. I believe that even amid today's mortar bursts and whining bullets, there is still hope for a brighter tomorrow. I believe that wounded justice, lying prostrate on the blood-flowing streets of our nations, can be lifted from this dust of shame to reign supreme among the children of men. I have the audacity to believe that peoples everywhere can have three meals a day for their bodies, education and culture for their minds, and dignity, equality and freedom for their spirits. I believe that what self-centered men have torn down men other-centered can build up. I still believe that one day mankind will bow before the altars of God and be crowned triumphant over war and bloodshed, and nonviolent redemptive good will proclaim the rule of the land. "And the lion and the lamb shall lie down together and every man shall sit under his own vine and fig tree and none shall be afraid." I still believe that we shall overcome!

Check the Vocabulary

spiral 나선형을 그리다 | **militaristic** 군국주의의 | **triumphant** 승리를 얻은 | **mortar** 박격포 |
whine (탄환이) 윙 소리를 내다 | **prostrate** 엎드린, 기진맥진한

세계의 국가들이 군국주의적인 계단을 밟아 내려가다 핵에 의한 세계 멸망의 지옥에 빠질 것이라는 냉소적인 견해를 거부합니다. 무기를 사용하지 않는 진실과 조건 없는 사랑이 실제로 최후의 결정을 내릴 것이라고 믿습니다. 이것이 일시적으로 패배한 정의가 승리한 악보다 더 강한 이유입니다. 폭탄이 터지고 총탄이 날아다니는 오늘의 현실에서도 더 밝은 미래에 대한 희망은 여전히 존재한다고 믿습니다. 우리나라의 폭력이 난무하는 거리에서 부상으로 넘어져 있는 정의는 이 굴욕을 털고 일어나 인류의 자손들 사이에서 대권을 장악할 수 있을 것이라고 믿습니다. 대담하게도 저는 어디에서든 인간은 몸을 위해 하루 세 끼 식사를 하고, 정신을 위해 교육과 문화를 누리고, 영혼을 위해 인간의 존엄과 평등과 자유를 누릴 수 있어야 한다고 생각합니다. 저는 이기적인 사람들이 무너뜨린 것들을 남을 배려하는 사람들이 재건할 수 있다고 생각합니다. 언젠가 인류는 전쟁과 폭력을 이겨내고 신의 제단 앞에 엎드려 승리의 왕관을 쓰게 될 것이며, 비폭력의 구원하는 선이 땅의 지배를 선언할 것이라고 여전히 저는 믿습니다. "그리고 사자와 양이 함께 눕고 모든 인간은 자신의 포도나무와 무화과나무 아래 앉아 아무도 두려움에 떨지 않을 것입니다." 저는 여전히 우리가 승리할 것이라고 믿습니다!

Check the Vocabulary

self-centered 이기적인, 자기중심의 | **other-centered** 타인 중심적인 | **redemptive** 보상의, 구제[속죄]의 | **fig** 무화과나무

SPEECH

15

Mohandas Gandhi's
Non-violence, Non-cooperation Speech

마하트마 간디의 비폭력 불복종 운동 연설

1920년 8월 12일, 인도 마드라스

마하트마 간디(1869~1948)

인도 민족 운동의 지도자인 간디는 '마하트마(위대한 혼, 큰 성인)'라는 존칭으로 불리는 인도 건국의 큰 별이다. 본격적으로 인권운동에 참여하기 전에는 변호사로 활동했었다. 흑인 인권운동가인 마틴 루터 킹 목사도 비폭력, 불복종 저항운동을 펼친 위대한 사상가 간디에게 사상적 감화를 받았다고 하니 간디는 흑인 인권운동에도 크게 기여했다고 볼 수 있다. 다음은 비폭력, 불복종 저항운동의 대부인 마하트마 간디가 1920년 8월 12일 인도의 마드라스 지방에서 군중들을 향해 대영 비협력운동을 촉구한 연설문이다.

What is this non-cooperation, about which you have heard much, and why do we want to offer this non-cooperation?

I have been told that non-cooperation is unconstitutional. I venture to deny that it is unconstitutional. On the contrary, I hold that non-cooperation is a just and religious doctrine; it is the inherent right of every human being and it is perfectly constitutional. A great lover of the British Empire has said that under the British constitution even a successful rebellion is perfectly constitutional. I do not claim any constitutionality for a rebellion successful or otherwise, so long as that rebellion means in the ordinary sense of the term, what it does mean, namely, wresting justice by violent means. On the contrary, I have said it repeatedly to my countrymen that violence, whatever end it may serve in Europe, will never serve us in India.

Check the Vocabulary

non-cooperation 비협력 | unconstitutional 위헌의 | venture 대담하게 ~하다 | just 공정한, 정의로운 | doctrine 교리, 주의 | inherent right 타고난 권리 | human being 인간 | rebellion 반란

여러분이 많이 들어 온 비협력운동이란 무엇이며 왜 우리는 이러한 비협력운동을 전개하려는 것일까요?

저는 비협력운동이 위헌적이라는 말을 들어 왔습니다. 저는 그 운동이 헌법에 위배된다는 것을 감히 부정하는 바입니다. 오히려 저는 비협력운동이 정당한 종교 교리라고 생각합니다; 그것은 모든 사람의 타고난 권리이며 완전하게 합헌적입니다. 대영제국을 매우 사랑하는 한 사람은 영국 헌법하에서 반란이 성공한다면 그것이 반란일지라도 완전히 합헌적이라고 말했습니다. 저는 반란이 일반적인 의미로, 즉, 폭력적인 수단에 의해 정의를 탈취하는 것인 한 반란의 성공 여부에 대한 합헌성을 주장하는 것이 아닙니다. 오히려 저는 폭력이 유럽에서는 어떤 목적으로 이용되든지 간에 인도에서는 소용이 없다는 것을 반복적으로 말해 왔습니다.

Check the Vocabulary

constitutionality 합헌성 | **or otherwise** 또는 그 반대 | **in the ordinary sense of the term** 일반적인 의미에서 | **namely** 즉 | **wrest** 빼앗다 | **end** 목적, 목표 | **serve** 도움이 되다, 목적을 채우다

I tell you that while my friend believes also in the doctrine of violence and has adopted the doctrine of non-violence as a weapon of the weak, I believe in the doctrine of non-violence as a weapon of the strongest. I believe that a man is the strongest soldier for daring to die unarmed with his breast bare before the enemy. So much for the non-violent part of non-cooperation. I therefore, venture to suggest to my learned countrymen that so long as the doctrine of non-cooperation remains non-violent, there is nothing unconstitutional in that doctrine. I ask further, is it unconstitutional for to say to the British Government 'I refuse to serve you'? Is it unconstitutional for our worthy Chairman to return with every respect all the titles that he has ever held from the Government? Is it unconstitutional for any parent to withdraw his children from a Government or aided school? Is it unconstitutional for a lawyer to say 'I shall no longer support the arm of the law so long as that arm of law is used not to raise me but to debase me'? Is it unconstitutional for a civil servant or for a judge to say, 'I refuse to serve a Government which does not wish to respect the wishes of the whole people'?

Check the Vocabulary

adopt 받아들이다, 채택하다 | the weak 약자들 | unarmed 무장하지 않은 채 | bare 드러낸, 발가벗은 | non-violent 비폭력적인 | learned 학식 있는 | withdraw 빼내다, 인출하다

172

제가 말씀드리고자 하는 것은 이것입니다. 제 친구 역시 폭력주의를 신봉하고 비폭력주의를 약자들의 무기로 받아들이고 있지만, 저는 비폭력주의가 가장 강한 사람들의 무기라고 믿고 있습니다. 저는 사람은 적 앞에서 무장도 하지 않은 채 가슴을 드러내 놓고 죽을 수도 있기 때문에 가장 강한 군인이라고 믿습니다. 비협력운동의 비폭력적인 면은 이쯤 해 두겠습니다. 그렇기 때문에 저는 우리 학식 있는 동포들에게 비협력주의가 비폭력적인 한 그 가르침에 위헌적인 요소가 없다고 감히 주장하는 바입니다. 계속 묻겠습니다. 제가 '당신을 섬기지 않겠다'고 영국 정부에게 말하는 것이 위헌입니까? 우리의 훌륭하신 의장께서 영국 정부로부터 수여받은 모든 직함을 공손하게 반납하는 것이 위헌입니까? 부모가 국립 또는 국가의 지원을 받는 학교로부터 자기 아이를 빼 오는 것이 위헌입니까? 변호사가 법률의 힘이 본인의 품격을 높이는 게 아니라 떨어뜨리는 데에 이용되는 한 법률의 힘을 더 이상 변호하지 않겠다고 말하는 것이 위헌입니까? 공무원이나 판사가 전체 국민들의 의사를 존중하려고 하지 않는 정부에 봉사하고 싶지 않다는 말을 했을 때 그게 위헌입니까?

I ask, is it unconstitutional for a policeman or for a soldier to tender his resignation when he knows that he is called to serve a Government which traduces his own countrymen? Is it unconstitutional for me to go to the agriculturist, and say to him 'it is not wise for you to pay any taxes, if these taxes are used by the Government not to raise you but to weaken you'?

I hold and I venture to submit, that there is nothing unconstitutional in it. What is more, I have done every one of these things in my life and nobody has questioned the constitutional character of it.

I submit that in the whole plan of non-cooperation, there is nothing unconstitutional. But I do venture to suggest that it will be highly unconstitutional in the midst of this unconstitutional Government, — in the midst of a nation which has built up its magnificent constitution, — for the people of India to become weak and to crawl on their belly — it will be highly unconstitutional for the people of India to pocket every insult that is offered to them; it is highly unconstitutional for the 70 millions of Mohammedans of India to submit to a violent wrong done to their religion; it is highly unconstitutional for the whole of India to sit still and cooperate with an unjust Government which has trodden under its feet the honour of the Punjab.

Check the Vocabulary

tender 제출하다, 부드러운 | traduce 중상하다, 비방하다 | agriculturist 농업가 | hold 생각하다 |
magnificent 훌륭한 | crawl on one's belly 배가 땅에 닿도록 굽실거리다

또 묻겠습니다. 경찰이나 군인이 자신의 동포들을 중상하는 정부에 복무하라는 부름을 받았다는 사실을 알고 사직서를 제출한다고 해서 그게 위헌입니까? 제가 농민에게 가서 정부가 당신이 내는 세금을 당신의 생활수준을 높이기 위해 사용하는 것이 아니라 당신의 힘을 약화시키기 위해 사용한다면 당신이 세금을 내는 것은 현명하지 못하다고 말하는 것이 위헌입니까?

저는 거기에는 위헌적인 요소가 없다고 감히 말씀드립니다. 더욱이 저는 평생 동안 이런 일들을 모두 해 왔으며 아무도 그것의 합헌성에 의문을 제기하지 않았습니다.

저는 비협력운동의 모든 계획에는 위헌적인 요소가 없다고 생각합니다. 하지만 인도 국민이 훌륭한 헌법을 만든 국가와 위법적인 정부 앞에서 인도 국민이 나약해지고 굽실거리고 그들에게 가해진 온갖 모욕을 참는다면 매우 위헌적인 일이 될 것이라고 감히 말씀드립니다. 인도의 7,000만 회교도가 그들의 종교에 가해진 만행에 굴복한다면 매우 위헌적인 행동이 될 것입니다. 모든 인도인들이 가만히 앉아 펀자브의 명예를 짓밟은 부정한 정부에 협력한다는 것은 매우 위헌적일 것입니다.

Check the Vocabulary

pocket every insult 온갖 모욕을 참다

15-04

I say to my countrymen so long as you have a sense of honour and so long as you wish to remain the descendants and defenders of the noble traditions that have been handed to you for generations after generations, it is unconstitutional for you not to non-cooperate and unconstitutional for you to cooperate with a Government which had become so unjust as our Government has become. I am not anti-English; I am not anti-British; I am not anti any Government; but I am anti-untruth — anti-humbug and anti-injustice. So long as the Government spells injustice, it may regard me as its enemy, implacable enemy.

Until we have wrung justice, and until we have wrung our self-respect from unwilling hands and from unwilling pens there can be no cooperation. Our Shastras say and I say so with the greatest deference to all the greatest religious preceptors of India but without fear of contradiction, that our Shastras teach us that there shall be no cooperation between injustice and justice, between an unjust man and a justice-loving man, between truth and untruth. Cooperation is a duty only so long as Government protects your honour, and non-cooperation is an equal duty when the Government instead of protecting robs you of your honour. That is the doctrine of non-cooperation.

Check the Vocabulary

descendant 후손 | **humbug** 사기, 협잡 | **spell** 초래하다 | **implacable** 달래기 어려운 | **deference** 경의, 존경 | **contradiction** 반박, 부정

저는 동포 여러분이 명예심을 갖고, 여러분에게 대대로 내려온 숭고한 전통의 후손들이자 수호자들로 남아 있기를 원하는 한 여러분이 협력을 거부하지 않는 것은 위헌이고 우리 정부처럼 부당해진 영국 정부에 협력하는 것도 위헌이라고 말씀드립니다. 저는 영국인을 싫어하는 사람이 아닙니다. 저는 반영주의자도 아닙니다. 저는 어떠한 정부도 싫어하지 않습니다만 거짓과 사기와 부정은 싫어합니다. 정부가 부정을 초래하는 한, 저를 적으로, 그것도 화해하기 어려운 적으로 간주해도 좋습니다.

우리가 정의를 쟁취하지 않는 한, 내키지 않는 손길과 펜으로부터 우리의 자존심을 억지로 빼앗지 않는 한 협력이란 있을 수 없습니다. 우리의 경전에 나와 있고 저 역시 인도의 모든 가장 위대한 종교지도자들에게 깊은 존경심을 가지고, 반박에 대한 두려움 없이 말합니다. 저는 불의와 정의, 부정한 사람과 정의를 사랑하는 사람, 진실과 거짓 간의 협력이 있어서는 안 된다고 가르치는 우리의 경전과 같은 생각입니다. 정부가 여러분의 명예를 보호해 주는 경우에만 협력은 의무이며 정부가 여러분을 보호해 주는 게 아니라 여러분의 명예를 빼앗아 갈 때 비협력은 균등한 의무입니다. 이것이 바로 비협력주의의 가르침인 것입니다.

Nelson Mandela's
"I'm Prepared to Die" Speech

넬슨 만델라의 '나는 죽을 준비가 되어 있습니다' 연설

1990년 2월 11일, 케이프타운 시청

넬슨 만델라(1918~2013)

흑인 인권 운동가이며 흑인 최초의 변호사이자 흑인 최초의 대통령이다. ANC 의장의 경력을 갖고 있는 넬슨 만델라는 44세 때인 1962년 백인 소수 정부를 전복하려 했다는 반역 혐의로 체포되어 종신형을 선고받고 27년 동안이나 수감생활을 했다. 남아프리카공화국의 악명 높은 흑인 인종차별 정책(apartheid)을 철폐시키는 데 결정적인 역할을 한 공로로 1993년 노벨 평화상을 수상했으며, 이듬해에 실시된 자유 총선거에서 약 65%의 지지를 얻어 흑인 최초로 대통령에 당선된다. 1995년에는 대통령으로, 2001년에는 전 대통령의 자격으로 두 차례나 우리나라를 방문했다. 다음 글은 1990년 2월 11일 감옥에서 출소하던 날 ANC에서 행한 그 유명한 "I'm prepared to die" 연설이다.

16-01

Friends, comrades and fellow South Africans. I greet you all in the name of peace, democracy and freedom for all. I stand here before you not as a prophet but as a humble servant of you, the people. Your tireless and heroic sacrifices have made it possible for me to be here today. I therefore place the remaining years of my life in your hands. On this day of my release, I extend my sincere and warmest gratitude to the millions of my compatriots and those in every corner of the globe who have campaigned tirelessly for my release.

My salutations will be incomplete without expressing my deep appreciation for the strength given to me during my long and lonely years in prison by my beloved wife and family. I am convinced that your pain and suffering was far greater than my own.

Before I go any further I wish to make the point that I intend making only a few preliminary comments at this stage. I will make a more complete statement only after I have had the opportunity to consult with my comrades.

Check the Vocabulary

comrade 동무, 동지, 전우 | **prophet** 예언자 | **humble** 겸손한 | **servant** 하인 | **tireless** 지칠 줄 모르는 | **heroic** 영웅적인 | **place** 놓다, 두다 | **remaining** 남아 있는 | **release** 석방 | **gratitude** 감

친구들, 동지들, 친애하는 남아공 국민 여러분, 저는 평화와 민주주의, 그리고 모두를 위한 자유의 이름으로 여러분께 인사드립니다. 저는 여기 여러분 앞에 예언자로서가 아니라 국민 여러분의 겸손한 하인으로서 섰습니다. 여러분의 지칠 줄 모르는 영웅적인 희생 덕분으로 여기 이 자리에 설 수 있게 되었습니다. 따라서 저는 저의 여생을 여러분의 손에 맡기고자 합니다. 제가 석방된 오늘, 저는 수백만 동포와 저를 석방시키기 위해 지칠 줄 모르고 석방운동을 펴온 세계 곳곳의 많은 분들에게 진심으로 따뜻한 감사의 말을 전합니다.

저의 감사의 말은 오랜 기간 외롭게 수감생활을 해 오는 동안 제 아내와 가족들이 저에게 보내준 격려에 대해 깊은 감사의 말을 전하지 않고는 불충분할 것입니다. 저는 여러분의 아픔과 고통이 저보다 훨씬 컸다고 확신합니다.

제가 더 말하기에 앞서 오늘은 몇 마디 1차적인 논평만 발표할 생각이라는 것을 강조하고 싶습니다. 동지들과 상의할 기회를 가진 뒤에 보다 완전한 성명을 내겠습니다.

Check the Vocabulary

사 | **compatriot** 동포 | **globe** 지구, 구 | **beloved** 사랑하는 | **convinced** 확신하는 | **suffering** 고통 | **make the point** 강조하다 | **preliminary** 예비의, 1차적인 | **consult** 상의하다

Today the majority of South Africans, black and white, recognise that apartheid has no future. It has to be ended by our own decisive mass action in order to build peace and security. The mass campaign of defiance and other actions of our organisation and people can only culminate in the establishment of democracy. The apartheid destruction on our sub-continent is incalculable. The fabric of family life of millions of my people has been shattered. Millions are homeless and unemployed. Our economy lies in ruins and our people are embroiled in political strife. Our resort to the armed struggle in 1960 with the formation of the military wing of the ANC, Umkhonto we Sizwe, was a purely defensive action against the violence of apartheid. The factors which necessitated the armed struggle still exist today. We have no option but to continue. We express the hope that a climate conducive to a negotiated settlement will be created soon so that there may no longer be the need for the armed struggle.

Check the Vocabulary

apartheid 흑인에 대한 인종차별정책 | **defiance** 도전, 저항 | **culminate** 정점에 이르다 |
subcontinent 아대륙 | **incalculable** 셀 수 없는 | **fabric** 직물, 구조 | **lie in ruins** 폐허 위에 있다

오늘날, 흑인 백인 할 것 없이 대다수의 남아공 국민들이 인종차별정책에는 미래가 없다는 것을 인식하고 있습니다. 인종차별정책은 평화와 안전을 이룩하기 위한 우리 대다수의 단호한 행동에 의해 철폐되어야 합니다. 강력한 저항 운동, 그리고 단체들과 국민들의 다른 행동들은 민주주의 확립으로 정점에 이를 수 있을 것입니다. 우리 아대륙에 대한 인종차별정책의 파괴는 이루 헤아릴 수가 없습니다. 수백만 명의 가정 생활이 파괴되었습니다. 수백만 명이 노숙자가 되고 실직했습니다. 우리 경제는 폐허 위에 놓여 있고 국민들은 정치적 불화에 휘말려 있습니다. 우리가 1960년 아프리카 민족회의의 무력 조직인 '국민의 창'을 설립해서 무력 투쟁에 의지한 것은 인종차별정책의 폭력에 항거하기 위한, 순수하게 방어적인 행동이었습니다. 부득이 무력 투쟁을 필요로 했던 요인들은 오늘날에도 여전히 존재하고 있습니다. 우리는 계속하는 것 외에는 선택의 여지가 없습니다. 협상에 의한 해결에 도움이 되는 분위기가 곧 조성되어 더 이상 무력 투쟁의 필요성이 없어지게 되는 것이 우리의 바람입니다.

Check the Vocabulary

embroil 휩쓸어 넣다, 얽히게 하다 | strife 분규, 불화 | armed struggle 무장 투쟁 | formation 형성 | wing 날개, 당파 | necessitate 필요로 하다 | conducive 도움이 되는

We have not as yet begun discussing the basic demands of the struggle. I wish to stress that I myself have at no time entered into negotiations about the future of our country except to insist on a meeting between the ANC and the government.

Mr. de Klerk has gone further than any other Nationalist president in taking real steps to normalize the situation. However, there are further steps as outlined in the Harare Declaration that have to be met before negotiations on the basic demands of our people can begin. I reiterate our call for, inter alia, the immediate ending of the State of Emergency and the freeing of all, and not only some, political prisoners. Only such a normalized situation, which allows for free political activity, can allow us to consult our people in order to obtain a mandate.

Check the Vocabulary

nationalist 민족주의자 | **reiterate** 되풀이하다 | **call for** 요구, 촉구 | **inter-alia** 무엇보다도 | **mandate** 통치위임, 명령

우리는 아직 투쟁의 기본적 요구사항들을 논하지 않았습니다. 저는 아프리카 민족회의와 정부가 회동을 가져야 한다는 것 외에는 우리나라의 미래에 관한 협상에 들어간 적이 없습니다.

데 클레르크 씨는 상황을 정상화시키기 위한 실질적인 조치들을 취하면서 어느 다른 민족주의자 대통령보다도 앞서 나갔습니다. 그러나 하라레 선언에서 윤곽이 그려진 대로 우리의 기본 요구사항들에 대한 협상이 시작되기 전에 더 많은 조치들이 취해져야 합니다. 저는 재삼 촉구합니다. 무엇보다도 비상사태의 즉각 중지와, 일부가 아닌 모든 양심수의 석방을 촉구하는 바입니다. 자유로운 정치적 활동을 허용하는 그러한 상황의 정상화만이 우리에게 우리 국민들의 의견을 물어볼 수 있도록 허용해 주어 권한을 얻어 낼 수 있는 겁니다.

The people need to be consulted on who will negotiate and on the content of such negotiations. Negotiations cannot take place above the heads or behind the backs of our people. It is our belief that the future of our country can only be determined by a body which is democratically elected on a non-racial basis. Negotiations on the dismantling of apartheid will have to address the overwhelming demand of our people for a democratic, non-racial and unitary South Africa. There must be an end to white monopoly on political power and a fundamental restructuring of our political and economic systems to ensure that the inequalities of apartheid are addressed and our society thoroughly democratized.

We call on the international community to continue the campaign to isolate the apartheid regime. To lift sanctions now would be to run the risk of aborting the process towards the complete eradication of apartheid. Our march to freedom is irreversible. We must not allow fear to stand in our way. Universal suffrage on a common voters' roll in a united democratic and non-racial South Africa is the only way to peace and racial harmony.

Check the Vocabulary

on a non-racial basis 인종차별 없이 | **dismantle** 해체하다 | **overwhelming** 압도적인 | **unitary** 단일한 | **regime** 정권, 정체 | **sanction** 제재 | **run the risk of** ~의 위험을 무릅쓰다

국민들은 누가 협상할 것인가와 협상의 내용에 대해서 상의를 받아야 합니다. 협상이 국민들의 머리 위에서나 등 뒤에서 이루어져서는 안 됩니다. 조국의 장래는 인종차별 없이 민주적으로 선출된 기구에 의해서만 결정될 수 있다는 것이 우리의 신념입니다. 인종차별정책 철폐에 대한 협상은 민주적이고, 인종차별이 없는 단일 남아공에 대한 우리 국민들의 압도적인 요구 해결에 역점을 두어야 합니다. 인종차별정책의 불평등을 해결하고 우리 사회를 완전히 민주화하기 위해 정치권력과 우리의 정치적, 경제적 제도의 근본적인 구조조정에 대한 백인들의 독점은 종식되어야 합니다.

우리는 인종차별 정권을 고립시키려는 운동을 국제 사회가 계속해 주기를 요청합니다. 지금 국제적 제재를 해제한다면 인종차별정책을 완전히 근절시키기 위한 과정이 실패로 끝날 위험을 무릅쓰게 될 것입니다. 자유를 향한 우리의 행진은 철회할 수 없습니다. 두려움이 우리가 가는 길을 막게 해서는 안 됩니다. 통일되고, 민주적이고, 인종차별이 없는 남아공에서 보통 유권자 명부에 따른 보통 선거권이 평화와 인종적 화합에 이르는 유일한 길입니다.

Check the Vocabulary

abort 유산하다, 중단하다 | **eradication** 근절 | **irreversible** 역행할 수 없는, 철회할 수 없는 | **stand in one's way** 방해하다 | **universal suffrage** 보통선거권 | **voters' roll** 유권자 명부

16-05

In conclusion I wish to quote my own words during my trial in 1964. They are as true today as they were then: "I have fought against white domination and I have fought against black domination. I have cherished the ideal of a democratic and free society in which all persons live together in harmony and with equal opportunities. It is an ideal which I hope to live for and to achieve. But if needs be, it is an ideal for which I am prepared to die."

trial 재판 | domination 지배 | cherish 소중히 하다, 간직하다, 신봉하다 | ideal 이상 | if need be 필요하다면

끝으로 1964년 재판에서 제가 한 말로 되돌아가고 싶습니다. 이 말은 그때나 지금이나 진실입니다. "저는 백인 지배에 대항하여 싸웠습니다, 흑인 지배에도 대항하여 싸웠습니다. 모든 사람들이 화합하고, 평등한 기회 속에서 사는 민주적이고 자유로운 사회를 이상으로 마음속에 품어 왔습니다. 제가 그것을 위해 살고 싶고, 성취하고 싶은 이상입니다. 필요하다면 죽을 준비가 되어 있는 이상이기도 합니다."

SPEECH

17

Jimmy Carter's
Nobel Peace Prize
Acceptance Speech

지미 카터의 노벨 평화상 수상 소감

2002년 12월 10일, 노르웨이 오슬로

지미 카터(1924~)

미국 48대 대통령(1977~1981)을 역임한 지미 카터는 조지아 공과대학교를 졸업하고 1946년 메릴랜드 주에 있는 아나폴리스 해군사관학교를 졸업했다. 그 후 해군에 들어가 전함, 원자력, 잠수함의 승무원으로 복무했다. 1953년 해군 대위로 제대하고 땅콩, 면화 등을 가꿔 많은 돈을 벌었다. 1962년 조지아 주 상원의원 선거에서 낙선했지만 그 선거가 부정선거였음을 입증하며 당선되었다. 대통령이 되기 전 조지아 주 상원의원을 두 번 연임했던 그는 1976년 대통령 선거에서 민주당 후보로 출마하여 도덕주의 정책으로 포드를 누르고 당선되었다. 재임 중에는 경제문제를 해결하지 못하고 이란 인질 사태에 발목이 잡혀 실패한 대통령으로 평가를 받지만 이란 사태는 미국 내 이란 재산을 풀어 주겠다는 조건을 내세워 사실상 카터가 해결한 것이었고, 사랑의 집짓기 운동 등으로 퇴임 후에 훨씬 더 존경받는 특이한 인물이다. 카터는 2002년 말 인권과 국제 분쟁 중재 역할에 대한 공로를 인정받아 노벨 평화상을 받게 되었다.

It is clear that global challenges must be met with an emphasis on peace, in harmony with others, with strong alliances and international consensus. Imperfect as it may be, there is no doubt that this can best be done through the United Nations, which Ralph Bunche described here in this same forum as exhibiting a "fortunate flexibility" — not merely to preserve peace but also to make change, even radical change, without violence.

He went on to say: "To suggest that war can prevent war is a base play on words and a despicable form of war mongering. The objective of any who sincerely believe in peace clearly must be to exhaust every honorable recourse in the effort to save the peace. The world has had ample evidence that war begets only conditions that beget further war."

We must remember that today there are at least eight nuclear powers on earth, and three of them are threatening to their neighbors in areas of great international tension. For powerful countries to adopt a principle of preventive war may well set an example that can have catastrophic consequences.

Check the Vocabulary

base 비열한 | **despicable** 비열한, 야비한 | **war mongering** 전쟁 도발 | **recourse** 의지, 의뢰 |
beget 낳다, 초래하다 | **catastrophic** 비참한, 대재해의

이제 전 세계적인 위기에 대응하는 길은 평화를 중요시하고 강력한 동맹과 국제적 합의를 통해 다른 나라들과 조화를 이루는 것이라는 사실이 명백해졌습니다. 불완전해 보일 수도 있으나 UN을 통해서 이 일이 가장 잘 실행될 것이라는 점은 의심의 여지가 없습니다. 랄프 번치는 이 자리에서 UN에는 평화 유지뿐 아니라 심지어 폭력을 쓰지 않고도 변화를, 심지어 급격한 변화를 일으키는 바람직한 융통성이 존재한다고 말했습니다.

그는 계속해서 이렇게 말했습니다. "전쟁이 다른 전쟁을 막을 수 있다고 주장하는 것은 전쟁상인들의 비열한 말장난입니다. 평화를 진심으로 믿는 사람들은 평화를 지키기 위한 노력으로서 고귀한 방법은 하나도 아끼지 않는 것을 목표로 해야 합니다. 세계는 전쟁이 또 다른 전쟁을 일으키는 상황을 초래할 뿐이라는 수많은 증거를 갖고 있습니다."

우리는 오늘날 이 지구상에 최소한 8개국이 핵무기를 보유하고 있으며, 그중 3개국은 극도의 국제적 긴장 지역에서 이웃 국가들에게 위협을 주고 있다는 사실을 잊지 말아야 합니다. 강대국들이 예방전쟁이라는 원칙을 채택한다면 이는 파국을 맞는 사례를 남길 것입니다.

Check the Vocabulary

If we accept the premise that the United Nations is the best avenue for the maintenance of peace, then the carefully considered decisions of the United Nations Security Council must be enforced. All too often, the alternative has proven to be uncontrollable violence and expanding spheres of hostility.

For more than half a century, following the founding of the State of Israel in 1948, the Middle East conflict has been a source of worldwide tension. At Camp David in 1978 and in Oslo in 1993, Israelis, Egyptians, and Palestinians have endorsed the only reasonable prescription for peace: United Nations Resolution 242. It condemns the acquisition of territory by force, calls for withdrawal of Israel from the occupied territories, and provides for Israelis to live securely and in harmony with their neighbors. There is no other mandate whose implementation could more profoundly improve international relationships.

Perhaps of more immediate concern is the necessity for Iraq to comply fully with the unanimous decision of the Security Council that it eliminate all weapons of mass destruction and permit unimpeded access by inspectors to confirm that this commitment has been honored. The world insists that this be done.

Check the Vocabulary

premise ～라는 전제 | **hostility** 적개심, 적대, 전쟁 | **endorse** 서명하다 | **acquisition** 획득 |
unimpeded 방해되지 않은

우리가 UN이 평화 유지를 위한 최선의 수단이라는 전제를 받아들인다면, 심사숙고 끝에 내린 UN 안전보장이사회의 결정은 집행되어야 합니다. 그렇지 않았을 경우에, 폭력은 걷잡을 수 없이 난무하고 적개심이 만연했다는 증거는 너무나 많습니다.

1948년 이스라엘이 건국된 이후 반세기 이상 전 세계적인 긴장의 원인이 되어 온 중동 분쟁을 예로 들 수 있습니다. 1978년 캠프 데이비드에서, 그리고 1993년 오슬로에서, 이스라엘과 이집트, 팔레스타인은 유일하게 합리적인 평화 협정인 UN 결의문 242조에 합의했습니다. 그 결의문은 무력에 의한 영토 획득을 비난하고, 이스라엘군의 점령지 철수를 요청하며, 이스라엘인들과 이웃들이 안전하고 조화롭게 공존해야 한다고 규정하고 있습니다. UN보다 국제 관계를 더 효과적으로 개선할 수 있는 권한을 가진 조직은 없습니다.

어쩌면 지금 당면한 문제는 이라크가 UN 안전보장이사회에서 내린 만장일치의 결정에 따르는 것일 것입니다. 그 결정이란 이라크가 대량 살상 무기를 전부 폐기하고, 이 약속을 제대로 이행했음을 증명하기 위해 사찰단의 자유로운 조사를 허용하라는 것입니다. 세계는 이 사찰이 실시되기를 바라고 있습니다.

I thought often during my years in the White House of an admonition that we received in our small school in Plains, Georgia, from a beloved teacher, Miss Julia Coleman. She often said: "We must adjust to changing times and still hold to unchanging principles."

When I was a young boy, this same teacher also introduced me to Leo Tolstoy's novel, "War and Peace." She interpreted that powerful narrative as a reminder that the simple human attributes of goodness and truth can overcome great power. She also taught us that an individual is not swept along on a tide of inevitability but can influence even the greatest human events.

These premises have been proven by the lives of many heroes, some of whose names were little known outside their own regions until they became Nobel laureates: Albert John Lutuli, Norman Borlaug, Desmond Tutu, Elie Wiesel, Aung San Suu Kyi, Jody Williams and even Albert Schweitzer and Mother Teresa. All of these and others have proven that even without government power — and often in opposition to it — individuals can enhance human rights and wage peace, actively and effectively.

Check the Vocabulary

admonition 훈계, 충고 | **enhance** 강화하다, 늘리다 | **wage** 수행하다

백악관 재임 시절 저는 종종 사랑하는 줄리아 콜먼 선생님이 조지아 주 플레인스의 작은 학교에서 해 주신 말씀을 생각했습니다. 그분은 "변화의 시대에 적응해야 하지만, 불변의 원칙은 고수해야 한다."라고 자주 말씀하셨습니다.

어린 소년이었던 제게 콜먼 선생님은 톨스토이의 소설 『전쟁과 평화』도 소개해 주셨습니다. 그녀는 그 감화력 넘치는 소설이 인간의 소박한 본성인 선과 진실은 막강한 권력도 무릎 꿇게 만들 수 있음을 상기시킨다고 설명하셨죠. 그분은 또한 개인을 불가항력의 물결에 휩쓸려 가는 존재가 아닌, 거대한 인간의 사건들에도 영향을 줄 수도 있는 존재라고 가르치셨습니다.

이런 말씀은 많은 영웅들에 의해 증명되었습니다. 이 중에는 노벨상 수상자가 되기 전까지는 외부인들에게 거의 알려지지 않은 분들도 있었죠. 앨버트 존 루툴리, 노먼 볼로그, 데스몬드 투투, 엘리 비젤, 아웅산 수지, 조디 윌리엄스, 심지어는 앨버트 슈바이처와 테레사 수녀가 바로 이 경우에 해당됩니다. 이분들이나 비슷한 일에 헌신한 다른 분들은 모두 공권력이 없더라도, 혹은 공권력에 맞서면서 개인들이 적극적이고 효과적으로 인권을 신장시키고 평화를 수행할 수 있음을 보여 줬습니다.

Check the Vocabulary

The Nobel prize also profoundly magnified the inspiring global influence of Martin Luther King, Jr., the greatest leader that my native state has ever produced. On a personal note, it is unlikely that my political career beyond Georgia would have been possible without the changes brought about by the civil rights movement in the American south and throughout our nation.

On the steps of our memorial to Abraham Lincoln, Dr. King said: "I have a dream that on the red hills of Georgia, the sons of former slaves and the sons of former slaveowners will be able to sit down together at a table of brotherhood."

The scourge of racism has not been vanquished, either in the red hills of our state or around the world. And yet we see ever more frequent manifestations of his dream of racial healing. In a symbolic but very genuine way, at least involving two Georgians, it is coming true in Oslo today.

I am not here as a public official, but as a citizen of a troubled world who finds hope in a growing consensus that the generally accepted goals of society are peace, freedom, human rights, environmental quality, the alleviation of suffering, and the rule of law.

Check the Vocabulary

magnify 확대하다 | **scourge** 재앙, 사회악 | **vanquish** 무찌르다, 이겨내다 | **manifestation** 표현, 표명 | **alleviation** 완화, 경감

노벨 평화상은 또한 저의 고국이 배출한 가장 위대한 지도자인 마틴 루터 킹 목사의 감화를 일으키는 영향력을 전 세계로 확산시켰습니다. 개인적인 얘기지만, 미국 남부와 전국적인 민권 운동이 변화의 바람을 일으키지 않았다면 저의 정치가로서의 경력은 조지아 주를 벗어나지 못했을 것입니다.

킹 목사는 에이브러햄 링컨 기념관의 계단에 올라 "나에게는 꿈이 있습니다. 조지아 주의 붉은 언덕 위에서 그 옛날의 노예의 자식들과 노예 소유주의 자식들이 형제애라는 식탁에 함께 앉을 수 있는 꿈입니다."라고 말씀하셨습니다.

조지아 주의 붉은 언덕뿐 아니라 전 세계에서도 인종주의라는 사회악은 제거되지 못했습니다. 하지만 우리는 인종 차별을 치유하고자 했던 그분의 꿈이 빈번하게 구현되는 것을 봅니다. 적어도 조지아 주 출신인 두 사람의 꿈은 오늘 오슬로에서 상징적이지만 매우 순수하게 실현되고 있습니다.

공직자 신분이 아닌 험난한 세상의 한 시민으로서 이 자리에 선 저는, 평화와 자유, 인권, 질 높은 환경, 고통의 완화, 그리고 법치가 이 사회에서 점점 더 많은 수의 여론으로 일반적으로 용인되기를 희망합니다.

Check the Vocabulary

17-05

During the past decades, the international community, usually under the auspices of the United Nations, has struggled to negotiate global standards that can help us achieve these essential goals. They include: the abolition of land mines and chemical weapons; an end to the testing, proliferation, and further deployment of nuclear warheads; constraints on global warming; prohibition of the death penalty, at least for children; and an international criminal court to deter and to punish war crimes and genocide. Those agreements already adopted must be fully implemented, and others should be pursued aggressively.

We must also strive to correct the injustice of economic sanctions that seek to penalize abusive leaders but all too often inflict punishment on those who are already suffering from the abuse.

The unchanging principles of life predate modern times. I worship Jesus Christ, whom we Christians consider to be the Prince of Peace. As a Jew, he taught us to cross religious boundaries, in service and in love. He repeatedly reached out and embraced Roman conquerors, other gentiles, and even the more despised Samaritans.

Check the Vocabulary

under the auspices of ～의 후원 아래 | **abolition** 폐지 | **land mine** 지뢰 | **proliferation** 확산 | **nuclear warhead** 핵탄두 | **deter** 단념시키다, 저지하다 | **genocide** 학살 | **penalize** 처벌하다

지난 수십 년 동안 국제 사회는 주로 UN의 후원 아래 이와 같은 핵심 목표를 달성시키기 위한 세계적인 기준을 협상하기 위해 노력했습니다. 협상안에는 지뢰 제거와 화학 무기 폐기, 핵 실험과 핵무기 확산 금지, 핵탄두의 추가 배치 금지, 지구 온난화 억제, 최소한 어린이들에 대한 사형 금지, 그리고 전범자와 학살을 저지하고 처벌하기 위한 국제 사법재판소 설치 등이 포함됩니다. 이미 채택된 이런 협정들은 완전하게 이행되어야 하고 그 밖의 정책들도 적극적으로 실천되어야 합니다.

우리는 또한 경제 제재의 부당함을 바로잡기 위해 싸워야 합니다. 그러한 제재는 독재자를 처벌하기 위한 조치이지만, 독재로 이미 고통받고 있는 이들에게 고통을 가하는 경우가 너무 많습니다.

불변하는 삶의 원칙은 현대 이전부터 존재했습니다. 크리스천들이 평화의 왕으로 여기는 예수 그리스도를 저도 섬깁니다. 유대인이었던 그분은 봉사와 사랑으로써 종교의 한계를 넘으라고 가르치셨습니다. 그분은 로마의 정복자들과 이교도들, 심지어는 그보다 더 멸시받던 사마리아인들에게까지 여러 차례 손을 내밀고 포용하셨습니다.

Check the Vocabulary

worship ~을 숭배하다, 예배하다 | **gentile** 이교도

Despite theological differences, all great religions share common commitments that define our ideal secular relationships. I am convinced that Christians, Muslims, Buddhists, Hindus, Jews, and others can embrace each other in a common effort to alleviate human suffering and to espouse peace.

But the present era is a challenging and disturbing time for those whose lives are shaped by religious faith based on kindness toward each other. We have been reminded that cruel and inhuman acts can be derived from distorted theological beliefs, as suicide bombers take the lives of innocent human beings, draped falsely in the cloak of God's will. With horrible brutality, neighbors have massacred neighbors in Europe, Asia, and Africa.

In order for us human beings to commit ourselves personally to the inhumanity of war, we find it necessary first to dehumanize our opponents, which is in itself a violation of the beliefs of all religions. Once we characterize our adversaries as beyond the scope of God's mercy and grace, their lives lose all value. We deny personal responsibility when we plant landmines and, days or years later, a stranger to us — often a child — is crippled or killed. From a great distance, we launch bombs or missiles with almost total impunity, and never want to know the number or identity of the victims.

Check the Vocabulary

secular 세속의 | **espouse** 신봉하다, 지지하다 | **derive from** ~에서 나오다 | **drape** 싸다, 걸치다 | **cloak** 망토 | **massacre** 학살하다 | **dehumanize** ~의 인간성을 없애다 | **adversary** 적

신학적인 차이에도 불구하고, 모든 위대한 종교들엔 공통의 책무가 있으며 그것은 우리의 이상적인 세속 관계를 명확히 합니다. 저는 기독교, 이슬람교, 불교, 힌두교, 유대교, 그리고 다른 신앙인들이 함께 인류의 고통을 경감시키고 평화를 신봉하기 위해 노력하면 서로를 포용할 수 있을 것이라 확신합니다.

하지만 현 시대는 타인에 대한 호의를 바탕으로 종교적 신념을 구체화한 사람들에게는 힘들고 혼란스러운 시기입니다. 자살 폭탄 테러범들이 신의 의지라는 허울 좋은 구실을 내세워 무고한 생명을 빼앗듯이, 우리는 왜곡된 종교적 신념에서 잔인하고 무자비한 행위가 나올 수 있다는 것을 알고 있습니다. 이웃들은 유럽과 아시아, 아프리카에서 끔찍하게 이웃들을 대량 학살했습니다.

스스로 전쟁의 비인도적 행위에 뛰어들기 위해서는 먼저 적을 비인간적인 존재로 만들어야 하는데 그것은 그 자체로 모든 종교적 신념에 위배되는 일입니다. 일단 우리가 적을 신의 자비와 은총이 미치는 범위 밖의 존재로 규정하면, 그들의 생명은 아무런 가치가 없어집니다. 지뢰를 설치하면 며칠이나 몇 년 뒤 생면부지의 사람들이, 때로는 어린이들이 불구가 되거나 목숨을 잃는데도, 우리는 개인적인 책임이 없다고 주장합니다. 장거리에서 폭탄과 미사일을 발사해도 처벌받는 사람은 거의 없고 그 희생자 수와 신원을 알려고도 하지 않습니다.

Check the Vocabulary

cripple 불구가 되게 하다 | **impunity** 무사, 형벌을 받지 않음

17-07

At the beginning of this new millennium I was asked to discuss, here in Oslo, the greatest challenge that the world faces. Among all the possible choices, I decided that the most serious and universal problem is the growing chasm between the richest and poorest people on earth. Citizens of the ten wealthiest countries are now seventy-five times richer than those who live in the ten poorest ones, and the separation is increasing every year, not only between nations but also within them. The results of this disparity are root causes of most of the world's unresolved problems, including starvation, illiteracy, environmental degradation, violent conflict, and unnecessary illnesses that range from Guinea worm to HIV/AIDS.

Most work of The Carter Center is in remote villages in the poorest nations of Africa, and there I have witnessed the capacity of destitute people to persevere under heartbreaking conditions. I have come to admire their judgment and wisdom, their courage and faith, and their awesome accomplishments when given a chance to use their innate abilities.

Check the Vocabulary

chasm 틈, 간격 | disparity 불균형 | root cause 근본 원인 | illiteracy 문맹 | degradation 악화, 타락 | destitute 빈곤한 | innate 타고난

새천년 들어서, 이곳 오슬로에서 저는 이 세계가 직면하고 있는 가장 큰 난제에 대해 얘기해 달라는 요청을 받았습니다. 수많은 문제 중에서도, 가장 심각하고 보편적인 문제는 지구상에서 최부유층 사람들과 최빈층 사이에 점점 커져 가고 있는 간극이라고 결정했습니다. 세계 10대 부국의 국민들은 세계 10대 빈국의 국민들보다 75배나 풍요롭게 살고 있는데 그 격차는 매년 벌어지고 있습니다. 국가 간 격차뿐 아니라 한 국가 내에서의 격차도 마찬가지입니다. 이러한 불균형은 대부분 세계적으로 아직 풀지 못한 문제들의 근본적인 원인이 되고 있습니다. 기아와 문맹, 환경 악화, 폭력 분쟁, 그리고 기니 벌레에서 에이즈에 이르는 불필요한 질병 등이 모두 이런 문제들입니다.

카터 센터의 대부분의 활동은 아프리카 최빈국의 여러 오지 마을에서 행해지고 있는데, 그곳에서 저는 비참한 환경에 굴하지 않고 살아가는 가난한 사람들의 역량을 목격했습니다. 그들의 판단력과 지혜, 용기, 신념, 그리고 타고난 능력을 발휘할 기회가 주어졌을 때 그들이 보여 준 눈부신 성과를 저는 존경하게 되었습니다.

Check the Vocabulary

But tragically, in the industrialized world there is a terrible absence of understanding or concern about those who are enduring lives of despair and hopelessness. We have not yet made the commitment to share with others an appreciable part of our excessive wealth. This is a potentially rewarding burden that we should all be willing to assume.

Ladies and gentlemen: War may sometimes be a necessary evil. But no matter how necessary, it is always an evil, never a good. We will not learn how to live together in peace by killing each other's children. The bond of our common humanity is stronger than the divisiveness of our fears and prejudices. God gives us the capacity for choice. We can choose to alleviate suffering. We can choose to work together for peace. We can make these changes — and we must.

Thank you.

Check the Vocabulary

necessary evil 필요악 | **bond** 유대(감) | **divisiveness** 불화

하지만 비극적이게도, 선진국은 절망과 좌절 속에서 삶을 견뎌 내는 사람들을 이해하거나 걱정하는 마음이 심각할 정도로 부재합니다. 우리는 우리가 가진 넘치는 부의 상당 부분을 다른 사람들과 나누겠다고 약속하지 않았습니다. 이 약속은 우리가 기꺼이 떠맡아야 할 잠재적으로 가치 있는 짐입니다.

신사 숙녀 여러분, 때로는 전쟁이 필요악일지도 모릅니다. 하지만 아무리 필요하다 할지라도 전쟁은 언제나 악이지 결코 선이 될 수 없습니다. 우리는 상대편의 자식들을 죽이면서 평화롭게 살아가는 방법을 배울 수는 없을 것입니다. 공동의 인류애로 묶인 유대감은 두려움과 편견으로 인해 생기는 불화보다 강합니다. 신은 우리에게 선택의 능력을 부여했습니다. 우리는 고통을 완화하는 쪽을 선택할 수 있습니다. 우리는 평화를 위해 협력하는 쪽을 선택할 수도 있습니다. 또한 이러한 변화를 가져올 능력이 있습니다. 그리고 반드시 그렇게 해야 합니다.

감사합니다.

SPEECH

18

George W. Bush's
St. Vincent College
Commencement Speech

조지 부시의 세인트 빈센트 대학교 졸업식 연설

2007년 5월 11일, 세인트 빈센트 대학교

조지 부시(1946~)

미국의 43대 대통령이었으며, 텍사스 주의 46대 주지사를 지냈다. 41대 대통령인 조지 H. W. 부시의 장남으로 코네티컷 주에서 태어났다. 2000년 11월 7일 치러진 대선에서 민주당 후보 앨 고어를 선거인단 수에서 꺾고 당선되었으며, 2004년 11월 2일 치러진 선거에서도 민주당 존 케리를 누르고 재선되었다.

2001년 9월 11일에 일어난 테러사건 이후 아프가니스탄을 공격해 탈리반 정권을 전복시켰으며, 2003년 3월에는 이라크가 UN 안보리 결의안 1441호를 위반했다는 명목하에 이라크 침공을 감행했다. 이라크 전쟁 수행과 국내 경제정책에 대한 비판에도 불구하고 2004년 존 케리를 누르고 재선되었지만 이후 국내 지지도는 90%에서 26%로 급격하게 떨어졌다. 이는 지난 35년 동안 미 대통령 재임 역사상 가장 낮은 지지도로 기록되고 있다.

Some of you may not yet have decided the best way to serve. It's okay. The government can't put love in your heart. But what we can do is when you find love and find the drive, we can help put it in action. And that's why I created the Office of Faith-Based and Community Initiatives that Mr. President ran. Through this office, we are helping to ensure that federal funds for social service go to organizations that get results — even if they happen to have a crucifix or a Star of David on the wall.

We also established the USA Freedom Corps to help mobilize volunteers to bring the comfort and kindness of America to people both at home and abroad. Today hundreds of thousands of volunteers mentor children, they assist the elderly, they build schools and clinics, they respond to natural disasters. No matter what your interests, no matter what your skills, there is a place for every one of you to serve in our armies — our nation's armies of compassion.

Check the Vocabulary

put in action 실행하다 | **crucifix** 십자가 상, 십자가 | **Star of David** 다윗의 별, 유대교의 표상

여러분 중 몇몇은 어떤 봉사를 해야 할지 아직 결정하지 못했을 것입니다. 그래도 괜찮습니다. 정부가 여러분의 마음에 사랑을 넣어 줄 수는 없습니다. 하지만 여러분이 사랑을 찾고 의지를 찾았을 때, 우리는 그것을 실현하는 것을 도와줄 수 있습니다. 바로 그것이 총장님이 일했던 백악관 종교기반커뮤니티협의기구를 제가 만든 이유입니다. 그 기관을 통해서 우리는 사회복지에 책정된 연방자금이 결과를 가져올 수 있는 조직으로 가는 것을 보증합니다. 그 조직이 기독교 조직이나 유대교 조직이라도 말이지요.

우리는 또한 국내나 국외로 미국의 위로와 친절을 보여 줄 자원봉사자들을 동원하는 미국 자유봉사단이라는 기관을 설립했습니다. 오늘날 수십만 명의 자원봉사자들이 아이들을 지도하고, 노인들을 도우며 학교와 진료소를 세우고, 자연재해가 난 곳에 달려갑니다. 여러분의 관심이 무엇이고 여러분이 가진 기술이 무엇이든지, 여러분 모두에게는 바로 우리나라의 이 군대, 배려의 군대에 자리가 마련되어 있습니다.

Check the Vocabulary

18-02

Even if you can't devote yourself to a career of service, you can make a life of service. We have that on good authority from one of President Towey's great heroes: Mother Teresa. Mother Teresa's whole life was dedicated to doing small things with great love. I'm pleased that Jim is taking a group of you to Calcutta later this month. I hope it helps inspire a new generation to carry on her good works. In almost every documentary about Mother Teresa, you see her going to the side of someone who is suffering terribly — often about to die. She treats them with great gentleness, squeezing their hands, and whispering words of comfort. Their look of wonder tells you that these are people who may be feeling loved for the first time in their lives. As they look up at Mother Teresa, their eyes say: Here's someone who cares.

Check the Vocabulary

on good authority 확실한 소식통으로부터 | **carry on** 계속하다, 잇다

여러분은 직업적으로 봉사를 할 수는 없다 할지라도 봉사생활을 할 수 있습니다. 우리는 그에 대한 사례를 토웨이 총장님의 영웅인 테레사 수녀에게서 볼 수 있습니다. 테레사 수녀의 생애는 작은 일들을 큰 사랑으로 수행하는 데에 바쳐졌습니다. 저는 총장님이 이번 달 말 학생들을 캘커타로 데려간다는 사실에 기쁨을 느낍니다. 저는 이 여행이 새로운 세대로 하여금 그녀의 선행을 이을 수 있도록 했으면 하고 생각합니다. 테레사 수녀에 대한 거의 모든 다큐멘터리에서, 여러분은 그녀가 심하게 고통받거나 죽어 가는 이들의 곁에 있는 것을 보았습니다. 그녀는 매우 따뜻한 태도로 그들의 손을 꼭 쥐면서 위로의 말을 속삭입니다. 그들의 놀란 눈을 보면 마치 태어나서 처음으로 사랑을 받는 사람들 같습니다. 그들이 테레사 수녀를 바라볼 때, 그들의 눈은 마치 이렇게 이야기하는 것 같습니다. "여기 우리를 보살펴 주려는 사람이 있어요."

SPEECH

19

Madeleine K. Albright's Wellesley College Commencement Speech

메들린 올브라이트 의 웰슬리 대학교 졸업식 연설

2007년 6월 1일, 웰슬리 대학교

매들린 올브라이트(1937~)

체코 태생의 미국 정치인으로 본명은 마리에 야나 코르벨이며, 1997년 1월 23일 여성 최초로 미국 국무 장관에 취임하였다. 1937년 체코슬로바키아 프라하에서 외교관의 딸로 태어났다. 1939년 나치가 체코슬로바키아를 점령하자 유대인이었던 그녀의 가족은 영국으로 갔다가 제2차 세계대전이 끝난 뒤 체코슬로바키아로 돌아왔다. 하지만 소련을 등에 업은 공산당의 쿠데타로 다시 망명길에 올라 1948년 미국에 정착하였다. 1959년 매사추세츠 주의 웰슬리 대학교를 졸업하고 대학시절부터 사귀던 신문재벌 상속자인 조지프 메딜 패터슨 올브라이트와 결혼하였다.

1992년 민주당 인사들의 모임에서 빌 클린턴을 처음 만난 뒤 클린턴 외교정책 고위 보좌관들의 모임에 참가하였다. 1992년 빌 클린턴 대통령이 당선된 뒤 1993년 UN 대사로 임명되어 4년 동안 재직했는데, UN 활동 중에서도 특히 군사적 활동에서 미국의 역할을 증진시킴으로써 미국 국익의 저돌적인 대변자로 활동하였다. 1997년 미국 상원에서 만장일치로 비준을 받아 국무장관이 되었으며, 2001년 공화당 부시 행정부 출범으로 임기를 마쳤다. 임기 중이던 2000년에는 북한을 방문하여 김정일 국방위원장과 회담을 가짐으로써 북미관계 개선에도 힘썼다.

I can't help but recall my own college years — I lived up there behind in Severance. My time actually took place roughly half way between the invention of the handheld BlackBerry and the discovery of fire. The world then was a little bit different; the pace wasn't so fast. I don't know if there's anybody in this audience that might remember that. But, in those days, our phones still had cords; our mail still had stamps; our cameras still had film, and when we wanted to find the web, we didn't click on a mouse, we dusted in the corner.

I loved this college and this campus. In fact, I am tempted to tell the class of 2007 that you have just spent the best years of your lives — but my purpose is to celebrate you — not to depress you — and besides, I am sure that your time here has prepared you for many wonderful years to come.

dust 가루를 뿌리다

제 대학시절을 떠올리지 않을 수 없군요. 저는 저곳 세브란스에서 생활했습니다. 제가 학교를 다니던 때는, 그러니까 불이 발견되었을 때와 블랙베리 단말기가 발명된 때의 중간쯤 됩니다. 당시의 세계는 지금과는 약간 달랐습니다. 그다지 빠르지 않았죠. 이 자리에 계신 분들 중 기억하실 분이 있을지도 모르겠습니다. 하지만 당시에는, 전화에 여전히 코드가 달려 있었습니다. 메일에는 여전히 우표가 붙어 있었고 카메라는 필름을 쓰는 것이었지요. 그리고 거미줄(web)을 찾고 싶다면, 우리는 마우스를 누르는 게 아니라 건물 구석을 뒤졌지요.

저는 우리 대학과 이 캠퍼스를 사랑했습니다. 사실, 2007년 졸업생 여러분에게 여러분이 인생에서 최고의 시간을 보냈다는 것을 말해 주고 싶습니다. 하지만 저는 여러분을 축하하고 싶지 여러분을 우울하게 하고 싶지는 않습니다. 게다가, 저는 여러분이 이곳에서 보낸 시간은 앞으로 다가올 굉장한 시간들에 대한 준비기간이었음을 확신합니다.

As we mark this day, we are concerned by the insecurity and injustice that result from the dark side of globalization, widening the gap between rich and poor, and endangering the environmental health of our planet.

All of which is another way of saying: Class of 2007, you have a lot of work to do. You are the leaders of tomorrow, and it will be your job to pick up the baton so often mishandled by the leaders of today.

For inspiration, I can think of no more moving a story than that involving a passenger on United Flight 93, which went down in Pennsylvania on 9·11. That passenger, Tom Burnett, called his wife from the hijacked plane, having realized by then that two other planes had crashed into the World Trade Center.

Check the Vocabulary

mishandle 처리를 잘못하다 | **hijack** 납치하다

이날을 기념하면서, 우리는 가진 자와 없는 자의 격차를 늘리고, 우리가 사는 행성의 환경을 위협하는, 세계화의 어두운 면이 불러온 불안과 불의에 염려를 하게 됩니다.

이 모든 것들은 다음을 이야기하고 있습니다. 2007년 졸업생 여러분, 여러분에게는 해야 할 일이 많습니다. 여러분은 미래의 지도자들이며 현재의 지도자들이 잘 다루지 못했던 바통을 받아드는 것이 여러분의 할 일입니다.

감화를 주는 데 있어서 저는 9·11 테러 당시 펜실베니아에 추락한 유나이티드 항공 93편에 타고 있던 승객들과 관련된 이야기보다 더 감동적인 이야기는 없다고 생각합니다. 승객이었던 탐 버넷은 납치된 비행기에서 아내에게 전화를 걸었고, 세계무역센터로 두 대의 다른 비행기가 돌진했다는 소식을 알게 되었습니다.

19-03

"I know we're going to die," he said. "But some of us are going to do something about it." And because they did, many other lives were saved. Since that awful morning, the memory of their heroism has uplifted us and it should also instruct us. Because when you think about it, "I know we're going to die," is a wholly unremarkable statement. Each of us here this morning could say the same thing. It is Burnett's next words that were both matter of fact and electrifying: "Some of us are going to do something about it." Those words, it seems to me, convey the fundamental challenge put to us by life.

Check the Vocabulary

uplift ~을 높이다, 고양하다

그는 "우리가 죽을 것이라는 걸 알지만 우리 중 일부는 무언가를 할 거야."라고 말했습니다. 그리고 그들이 행동했기에, 다른 많은 생명들이 살 수 있었습니다. 그 끔찍한 아침 이후, 그들의 영웅적 행위는 우리의 정신을 고양시켰고 우리는 여기에서 교훈을 얻어야 합니다. 왜냐하면 생각을 해 보면 "우리가 죽을 것이다."라는 말은 정말로 쓸모없는 말이기 때문입니다. 오늘 아침 이곳에 모인 우리도 같은 말을 할 수 있습니다. 버넷이 다음으로 한 "우리 중 일부는 무언가를 할 거야."라는 말은 평범하면서도 충격을 줍니다. 이 말은 저에게 우리의 삶에 근본적인 도전을 주는 말로 보입니다. 우리는 언젠가는 죽는 존재입니다.

SPEECH
20

Nancy Pelosi's
Webster University
Commencement Speech

낸시 펠로시의 웹스터 대학교 졸업식 연설

2007년 5월 12일, 웹스터 대학교

낸시 펠로시(1940~)

낸시 펠로시는 여성으로서는 최초로 미 하원의장 자리에 올랐던 인물이다. 1987년부터 미국에서 가장 진보색이 강한 캘리포니아 제8선거구에서 하원의원으로 일해 온 펠로시는 총기 소유 반대, 이라크전쟁 반대와 미군 철수 일정 제시, 의료보험제도 확대 및 감세정책 반대, 낙태 옹호 등 진보적 입장을 취해 왔으며, 중국의 인권 탄압을 비난하는 등 제3세계 인권문제에도 목소리를 높여 왔다. 트리니티 대학교를 졸업하였으며, 샌프란시스코의 투자은행가인 폴 펠로시와 결혼 후 40대였던 1980년부터 자원봉사자로 활동하며 본격적으로 정치에 발을 디뎠다. 특유의 친화력과 활동력으로 기금 모금에 뛰어난 역량을 보였으며, 주요 이슈에서 당내 분열이 극심한 민주당의 단합을 이끌어 내는 등 균형감각과 리더십을 보여 주고 있다.

President Meyers, Members of Missouri's official family who are here, trustees, faculty, staff, family and friends of the graduates, and especially to the graduates themselves: Let's hear it for the graduates again. It is an great honor to join you today to celebrate the commencement of Webster University's Class of 2007.

I am confident that the Class of 2007 will contribute greatly to the world you are about to enter because Webster has prepared you for a world that grows more interconnected and interdependent each day.

You have had the wonderful opportunity and privilege to attend a university with students enrolled from 125 countries and 12 campuses and teaching sites outside the United States. Webster has provided you with an international orientation at a time when international cooperation will be critical to solving the world's most pressing problems. I particularly want to acknowledge those who are hearing this from military bases.

Essential to meeting the challenges of making peace and creating a better world are our men and women with uniform. With campuses on 44 military bases, Webster is closely tied to America's military families.

Check the Vocabulary

---

trustee 대학의 이사 | **faculty** 교수진 | **enroll** 등록하다, 입학시키다 | **men and women with uniform** 국군 장병

마이어 총장님, 이 자리에 참석해 주신 미주리 주 정부의 관계자 여러분, 대학 이사회 여러분, 교수진 여러분, 그리고 졸업생 일가친지 여러분, 그리고 무엇보다도 졸업생 여러분 안녕하십니까. 다시 한 번 졸업생 여러분에게 성원을 보냅시다. 2007년 웹스터 대학교의 졸업식에 참석하게 된 것을 무척 영광스럽게 생각합니다.

날마다 서로 관계를 맺으며 상호 의존하는 세상을 위해 웹스터 대학이 여러분을 준비시켰기에, 저는 2007년도 졸업생 여러분들이 이제 막 발을 디디게 될 세상에서 큰 역할을 수행하리라 믿습니다.

125개국 출신의 학생들이 재학 중이고, 12개의 해외 캠퍼스와 교육 시설이 있는 이 대학에서 여러분들은 멋진 기회와 혜택을 누렸습니다. 전 세계적으로 시급한 문제를 해결함에 있어 국제적 공조가 중요한 역할을 하고 있는 이 시대에 웹스터 대학은 여러분에게 국제적인 예비 교육을 제공해 주었습니다. 특히 저는 군 기지에서 이 연설을 듣고 있을 여러분들에게 감사의 말씀을 드리고 싶습니다.

평화를 구축하고 더 나은 세계를 만드는 과업에 대처하려면 군의 남녀 장병들이 꼭 필요합니다. 44곳의 군 기지에 대학 캠퍼스가 있는 웹스터 대학은 미국의 군인 가족들과 밀접한 관계를 맺고 있습니다.

Check the Vocabulary

20-02

Let us salute our men and women in uniform, for their courage, their patriotism, and the sacrifice they and their families are making. They and our veterans are our heroes.

Because of them, America is the land of the free and the home of the brave. We must work together to build a future worthy of their sacrifice.

And speaking of families, I want to join President Meyers in recognizing the parents and friends of the graduates who helped to make this important day possible for all of you. Let's hear it for the parents and family. Let's stand and hear it for the parents and family.

All parents want to broaden opportunity for their children. And our country — our great country was founded on the idea that each generation has a responsibility to make the future better for the next.

One of our Founders, President John Adams, explained this generational responsibility best I think when he wrote to his wife, Abigail. He wrote "I must study politics and war so that our children have the liberty to study medicine, and law and science, so that their children may study painting, poetry, art and music." All of these pursuits are important to the community that is America.

Check the Vocabulary
_____

patriotism 애국심 | **founder** 창립자, 건국자 | **pursuit** 추구

군에 몸담고 있는 남녀 장병들의 용기와 애국심, 그리고 군인 본인을 비롯한 그 가족들이 치르고 있는 희생에 대해 우리 모두 경의를 보냅시다. 그들과 퇴역 군인들은 우리의 영웅입니다.

그들 덕분에 미국은 자유의 땅, 용감한 국민의 땅이 되었습니다. 우리는 그들의 희생이 헛되지 않은 미래를 건설하기 위해 함께 노력해야 합니다.

가족 얘기가 나왔으니 말씀드리겠습니다. 저는 마이어 총장님 말씀대로 이 영광스러운 날을 맞도록 졸업생 여러분을 도와주신 부모님과 친구들에게도 감사의 말씀을 전하고 싶습니다. 졸업생들의 부모님과 가족 분들에게도 찬사를 보냅시다. 일어나십시오. 자리에서 일어나 부모님과 가족들에게 박수를 보냅시다.

모든 부모들은 자녀들에게 더 많은 기회를 주고 싶어 합니다. 그리고 우리나라는, 우리 위대한 미국은 각 세대는 다음 세대에게 더 나은 미래를 물려줄 책임이 있다는 믿음 위에 세워졌습니다.

우리나라 건국의 시조 중 한 명인 존 아담스 대통령은 아내 애비게일에게 쓴 편지에서 이 세대의 책임에 대해 설명했습니다. 제 생각으로는 책임에 대한 가장 훌륭한 설명인 것 같습니다. 그는 우리 아이들에게 의학과 법학, 과학을 공부할 자유를 주고, 그들의 자녀들은 회화와 시, 예술과 음악을 공부할 자유를 주기 위해 자신은 정치와 전쟁을 공부해야 한다고 썼습니다. 이 분야들은 모두 미국이라는 공동체에 중요합니다.

Check the Vocabulary

When I was young, I heard another great American president talk about our responsibility to one another.

As a student, this is gonna sound really like ancient history to you, but as a student, I attended the inauguration of President Kennedy. It was a freezing cold day in January — so cold that you could see the breath of Robert Frostas he recited a poem in honor of the new President.

We were all stirred by President Kennedy's unforgettable call to service and you know this from the historic books: "My fellow Americans: ask not what your country can do for you, ask what you can do for your country."

It's become a classic statement. But why I mention it today is because the very next line is one that was equally remarkable but less known. He said: "My fellow citizens of the world: ask not what America will do for you, but what together we can do working together for the freedom of mankind."

Check the Vocabulary

recite 낭송하다 | **stir** 감동시키다

어렸을 때, 저는 미국의 또 다른 훌륭한 대통령이 서로의 책임감에 대해 연설하는 것을 들었습니다.

지금 여러분에게는 까마득한 먼 옛날이야기로 들리겠지만, 저는 학생 때 케네디 대통령의 취임식에 참석했었죠. 그때는 1월의 무척 추운 날이었는데, 어찌나 추웠던지 새로 취임한 대통령에게 축시를 낭독했던 로버트 프로스트의 입김이 우리에게도 보일 정도였습니다.

취임식에 참석했던 우리 모두 케네디 대통령의 잊을 수 없는 임무에 대한 부름에 느끼는 바가 많았습니다. 그리고 아시겠지만, 역사책에 이런 문구가 나오지요. '친애하는 미국 국민 여러분, 국가가 여러분을 위해 무엇을 해 줄 것인가를 묻지 말고, 여러분이 국가를 위해 무엇을 할 수 있는가를 먼저 물으십시오.'

그 말은 이제 명언이 되었습니다. 하지만 오늘 제가 그 말을 인용하는 것은 바로 다음에 나오는 말도 똑같이 중요한데 별로 알려지지 않았기 때문입니다. 케네디 대통령은 이렇게 말했습니다. '세계 시민 여러분, 미국이 여러분에게 무엇을 해 줄 수 있는가를 묻지 마시고, 인류의 자유를 위해 우리가 다 함께 무엇을 할 것인가를 물어보십시오.'

Check the Vocabulary

With this statement, President Kennedy signaled that our foreign policy would be distinguished by cooperation and respect for all nations. And the world responded to America's leadership.

Today, the world still looks to America for leadership and for hope. We must respond with respect and cooperation, not disregard and condescension. Only then can we engage in the diplomatic alliances needed to promote peace and avoid war. We honor our patriotic men and women in uniform. But we have a responsibility to avoid war.

The philosopher Hannah Arendt once observed that nations are driven by the endless flywheel of violence believing that one last, one final violent gesture will bring peace. But, each time they sow the seeds for more violence. Words, not weaponry, are the tools of a new civilization.

The university is where words should reign. The college campus is preeminently the place where argument, in the best sense of the word, debate, research, and articulate speech are and should be prized and maintained.

Check the Vocabulary

disregard 무시 | **condescension** 생색내는 듯한 태도 | **sow** 씨앗을 뿌리다 | **seed** 씨앗 | **reign** 지배하다 | **preeminently** 탁월하게, 발군으로 | **articulate** 똑똑히 발음되는 | **prize** 평가하다

이 말을 통해 케네디 대통령은 우리의 외교 정책이 상대국에 대한 존중과 협력이라는 차별화된 방향으로 나아갈 것임을 알렸습니다. 그리고 세계는 미국의 지도력에 반응했습니다.

오늘날, 세계는 여전히 미국의 지도력을 기대하고 있고 그들에게 희망을 주기를 바라고 있습니다. 우리는 그들을 무시하거나 생색내는 것이 아니라 존중하고 협력해야 합니다. 그럴 때만이 평화를 촉진하고 전쟁을 피할 수 있는 외교적 동맹 관계를 맺을 수 있습니다. 우리는 군 복무를 하고 있는 남녀 장병들의 애국심을 높이 사지만, 전쟁을 피해야 하는 의무도 있습니다.

철학자 한나 아렌트는 언젠가 국가가 마지막에 최후로 쓰는 폭력이 평화를 가져올 거라고 믿으며 폭력이 끝없이 악순환된다고 말했습니다. 하지만 폭력은 더 심한 폭력을 부를 뿐입니다. 무기가 아닌 대화야말로 새로운 문명의 도구입니다.

대학은 언어가 지배해야 하는 곳입니다. 대학 캠퍼스는 다른 어떤 곳보다도 말의 가장 발전된 형태인 토론과 논쟁, 연구, 그리고 명료한 담화가 높이 평가되고 유지되는 곳입니다. 또한 그래야 마땅합니다.

Check the Vocabulary

20-05

Webster University has given you these tools to understand the world, to clarify your values, and to enter into dialogue with others so that you can help promote better understanding, freedom, and peace.

In my recent travels as Speaker, I have met with presidents, prime ministers, and kings. But what impressed me and inspired me the most were my encounters with young people. At a time when world leaders question the value of constructive dialog with our adversaries, young people are engaged in their own international dialog, on campuses, through e-mail, instant messaging and blogs, and you are all a part of that. Young people are talking about their hopes for a brighter future of their desire for peace, that word again and prosperity.

The young people I met in my travels were weary of war. They want an end to violence whether it's in Iraq, or in the Israeli-Palestinian conflict, or the genocide in Darfur. They, as I'm sure you do, want to know if their leaders have the political courage to make the decisions necessary for peace. They want a future and want to know if their leaders can produce the economic opportunity, health care, and education for a better future. They want to alleviate poverty and they want to end global warming and preserve our planet — God's beautiful creation.

Check the Vocabulary

alleviate 완화하다

웹스터 대학은 이해, 자유, 그리고 무엇보다도 중요한 평화의 증진을 돕도록 여러분들에게 세상을 이해하고 가치관을 정립시키며 다른 사람과 대화하는 방식을 여러분에게 가르쳐 주었습니다.

최근 하원의장의 자격으로 여러 곳을 다니면서, 저는 여러 명의 대통령과 총리, 그리고 국왕을 만났습니다. 하지만 제게 깊은 인상을 남기고 감화를 준 것은 젊은이들과의 만남이었습니다. 세계의 정상들이 우리의 적들과 건설적인 대화의 가치를 미심쩍어하며 의심할 때, 젊은이들은 캠퍼스에서, 이메일이나 인터넷 메신저, 블로그를 통해 국경을 넘어선 대화를 하고 있고, 여러분도 모두 그런 젊은이들에 속합니다. 그들은 더 밝은 미래에 대한 희망을 이야기합니다. 평화와 번영에 대한 열망을 말입니다.

해외 순방 중 제가 만났던 젊은이들은 전쟁에 지쳐 있었습니다. 그들은 이라크 전쟁이나 이스라엘·팔레스타인 분쟁, 다르푸르의 집단학살이나 폭력이란 폭력은 모두 종식되기를 바라고 있습니다. 여러분도 그렇겠지만, 그들은 자신의 지도자들이 평화를 위해 필요한 결단을 내릴 정치적 용기가 있는지 궁금해 합니다. 밝은 미래를 원하는 그들은 자신의 지도자들이 경제적 기회와 의료보험, 더 나은 미래를 위한 교육을 제공할 수 있는지 알고 싶어 합니다. 그들은 빈곤이 완화되기를 원할 뿐 아니라, 지구 온난화를 멈추고 신이 창조한 아름다운 이 지구를 보존하고 싶어 합니다.

20-06

That's what I heard in the Middle East, and that is what I hear from young people across America. That unwillingness to accept the world as it is, the impatience of youth is why I have such faith in the future and in the class of 2007.

My message to you today is this: Know thy power and follow your passion. The power and passion that springs from the beauty of your dreams, the depth of your imagination, and the strength of your values. Realize the promise that you have shown here at Webster, continue to embrace its international mission whatever your endeavors maybe, and honor your own responsibility to the future.

Thank you for inviting me to be a part of this wonderful occasion. Since I am also receiving a degree today I have a special bond with the Class of 2007. So remember that you have a classmate and a friend in the Speaker's office.

Enjoy your day. Congratulations! And God bless you.

embrace 받아들이다 | endeavor 노력 | honor 이행하다, 지키다

그것이 제가 중동에서 들은 이야기이자 미국 전역의 젊은이들로부터 들은 이야기입니다. 지금 이대로의 세계를 인정하고 싶어 하지 않는 젊은이의 갈망은 제가 밝은 미래와 2007년도 졸업생들을 믿는 근거이기도 합니다.

제가 오늘 여러분에게 전하고 싶은 메시지는 이것입니다. 여러분의 능력을 알고, 자신의 열정을 따르십시오. 여러분의 아름다운 꿈, 무궁무진한 상상력, 그리고 힘 있는 가치관에서 솟아나는 능력과 열정을 따르십시오. 여러분이 이곳 웹스터 대학에서 보여 준 약속을 실현하고, 최선의 노력을 다하여 세계적인 사명을 받아들이고, 미래를 위해 여러분의 책무를 이행하십시오.

이 멋진 행사에 참석하게 해 주셔서 감사합니다. 오늘 저도 이 대학에서 학위를 받기 때문에, 2007년도 졸업생들에게 남다른 유대감이 느껴지네요. 여러분도 하원의장을 여러분의 동창이자 친구로 두었다는 사실을 잊지 마시기 바랍니다.

즐거운 하루 보내십시오. 축하드립니다! 그리고 신의 축복이 여러분과 함께하길 바랍니다.

Check the Vocabulary

SPEECH

21

William Henry Gates Ⅲ 's
Harvard University
Commencement Speech

빌 게이츠의 하버드 대학교 졸업식 연설

2007년 6월 7일, 하버드 대학교

빌 게이츠(1955~)

빌 게이츠는 미국 마이크로소프트 사의 공동 창립자이며, 현재는 기술고문 자리에 있다. 미국 워싱턴 주 시애틀에서 태어나 하버드 대학교에 입학하였으나 중퇴한 후 폴 앨런과 함께 마이크로소프트를 공동으로 창업했다. 1990년 초 이래로 개인용컴퓨터 시장이 급속히 발전하면서, 운영체제인 MS-DOS와 MS Windows를 통해 시장지배자적 지위를 공고히 함으로써 컴퓨터 시장의 주도권을 획득하게 되었다. 2000년에는 아내인 멜린다 게이츠와 함께 빌 앤드 멜린다 게이츠 재단(Bill and Melinda Gates Foundation)을 설립, 각종 자선사업에도 참가하고 있으며, 2005년에는 『타임』에 의해 '올해의 인물'로 선정되기도 하였다.

이 연설은 2007년 6월 7일 자신이 중퇴한 하버드 대학에서 명예졸업장을 받게 된 자리에서 행한 졸업축사이다.

Members of the Harvard Family: Here in the Yard is one of the great collections of intellectual talent in the world. For what purpose?

There is no question that the faculty, the alumni, the students, and the benefactors of Harvard have used their power to improve the lives of people here and around the world. But can we do more? Can Harvard dedicate its intellect to improving the lives of people who will never even hear its name?

Let me make a request of the deans and the professors — the intellectual leaders here at Harvard: As you hire new faculty, award tenure, review curriculum, and determine degree requirements, please ask yourselves: Should our best minds be more dedicated to solving our biggest problems? Should Harvard encourage its faculty to take on the world's worst inequities? Should Harvard students know about the depth of global poverty, the prevalence of world hunger, the scarcity of clean water, the girls kept out of school, the children who die from diseases we can cure? Should the world's most privileged learn about the lives of the world's least privileged? These are not rhetorical questions — you will answer with your policies.

Check the Vocabulary

alumni 동문 | **benefactor** 후원자 | **intellect** 지성 | **tenure** 종신 재직권 | **take on** 일 등을 떠맡다, 책임을 지다 | **prevalence** 만연, 횡행, 보급 | **scarcity** 부족, 결핍 | **rhetorical** 수사학의

하버드 가족 여러분, 이 캠퍼스에는 세계에서 지적으로 가장 우수한 인재들이 모여 있습니다. 무엇을 위해서일까요?

여기 계신 하버드 교수 여러분, 동문, 재학생 그리고 후원자 여러분께서 전 세계 사람들의 삶을 향상시키기 위해 본인들의 능력을 발휘하고 있다는 것은 의문의 여지가 없습니다. 그러나 우리가 좀 더 할 수 있지 않을까요? 하버드가 하버드라는 이름조차 들어 보지도 못한 사람들의 삶을 향상시키는 데 그 지성을 바칠 수 있지 않을까요?

여기 하버드 지성의 지도자이신 학장님과 교수님들께 요청합니다. 여러분이 새로운 교수를 임명하거나 종신재직권을 수여하거나, 교과과정을 검토하거나 학위 필수과목을 결정할 때 자신에게 물어보십시오. 우리의 훌륭한 인재들이 우리의 가장 심각한 문제들을 해결하기 위해 좀 더 헌신해야 할 것인가? 하버드는 교수진을 이 세계의 극심한 불평등에 대처하도록 고무시켜야 할 것인가? 하버드 학생들은 세계적인 빈곤과 만연된 기아, 깨끗한 물의 부족, 학교에 가지 못하는 여자아이들, 치료 가능한 질병으로 죽어 가는 아이들에 대해 알아야 할 것인가? 세계에서 가장 혜택받는 사람들이 세계에서 가장 불우한 사람들의 삶에 대해 알아야 할 것인가? 이것은 의례적인 질문이 아닙니다. 여러분의 대답은 여러분의 정책을 통해 드러날 것입니다.

My mother, who was filled with pride the day I was admitted here — never stopped pressing me to do more for others. A few days before I was married, she hosted a bridal event, at which she read aloud a letter about marriage that she had written to Melinda. My mother was very ill with cancer at the time, but she saw one more opportunity to deliver her message, and at the close of the letter she said: "From those to whom much is given, much is expected."

When you consider what those of us here in this Yard have been given — in talent, privilege, and opportunity — there is almost no limit to what the world has a right to expect from us.

In line with the promise of this age, I want to exhort each of the graduates here to take on an issue — a complex problem, a deep inequity, and become a specialist on it. If you make it the focus of your career, that would be phenomenal. But you don't have to do that to make an impact. For a few hours every week, you can use the growing power of the Internet to get informed, find others with the same interests, see the barriers, and find ways to cut through them.

Check the Vocabulary

exhort 강력히 권하다

제가 이곳에 입학한 것을 매우 자랑스러워하셨던 어머니는 항상 저에게 다른 사람들을 위해 더 많이 베풀라고 압박하셨습니다. 제 결혼식 며칠 전, 어머니는 신부 이벤트를 주관하면서 결혼에 대해 멜린다에게 쓴 편지를 큰 소리로 읽으셨습니다. 그 당시 어머니는 암으로 고생하셨습니다. 하지만 어머니는 그것을 자신의 뜻을 전달할 수 있는 또 하나의 기회라고 생각하셨습니다. 편지의 말미에 어머니는 "많은 것을 받은 사람들에게는 더 많은 의무가 요구된다."라고 쓰셨습니다.

이 캠퍼스의 우리들에게 주어진 것들 – 재능, 특권, 그리고 기회 등 – 을 생각해 보면 세상이 우리에게 기대할 수 있는 권리에는 거의 제한이 없습니다.

이 시대의 약속에 부응하기 위해 저는 여기 모인 졸업생 모두가 심각한 불평등 같은 복잡한 문제를 직시하고 그것에 전문가가 되기를 간곡히 부탁드립니다. 만약 여러분의 향후 경력의 초점을 항상 이것에 둔다면 그것은 정말 경이로운 일일 것입니다. 그러나 영향을 미치기 위해 그렇게 할 필요는 없습니다. 일주일에 몇 시간 정도만 할애한다면 증대되는 인터넷의 힘을 이용하여 정보를 얻고, 관심사가 같은 사람들을 발견하고, 장벽을 깨닫고, 그것들을 돌파할 방법도 찾아낼 수 있을 겁니다.

Check the Vocabulary

Don't let complexity stop you. Be activists. Take on big inequities. I feel sure it will be one of the great experiences of your lives.

You graduates are coming of age in an amazing time. As you leave Harvard, you have technology that members of my class never had. You have awareness of global inequity, which we did not have. And with that awareness, you likely also have an informed conscience that will torment you if you abandon these people whose lives you could change with modest effort.

You have more than we had; you must start sooner, and carry on longer.

And I hope you will come back here to Harvard 30 years from now and reflect on what you have done with your talent and your energy. I hope you will judge yourselves not on your professional accomplishments alone, but also on how well you have addressed the world's deepest inequities, on how well you treated people a world away who have nothing in common with you but their humanity.

Good luck.

Check the Vocabulary

torment 괴롭히다, 고통을 주다

복잡한 현실이 당신을 멈추지 못하게 하십시오. 행동하는 사람이 되십시오. 커다란 불평등의 문제를 떠안으십시오. 그것은 당신 인생에 있어 가장 위대한 경험 중 하나가 될 것입니다.

여러분은 정말 굉장한 시대에 사회에 나오는 것입니다. 여러분이 하버드를 떠나게 되면 여러분은 제 동기들 중 누구도 경험해 보지 못한 기술을 가지게 될 것이고 우리가 몰랐던 세계적인 불평등에 대해 인지하게 됩니다. 그리고 그러한 인지와 더불어 여러분의 매우 작은 노력으로도 삶을 변화시킬 수 있는 어려운 사람들을 외면한다면 양심의 소리에 고뇌하게 될 것입니다.

여러분은 저희 세대보다 많은 것을 가졌습니다. 그러므로 조속히 시작하시고, 오래도록 지속하십시오.

그리고 지금으로부터 30년 뒤 여기 하버드에 돌아와서 여러분의 재능과 열정으로 이루어 온 일들을 떠올리시기 바랍니다. 저는 여러분이 여러분 자신을 전문적으로 성취한 것으로만 평가하지 말고, 이 세상의 극심한 불평등에 대해 얼마나 잘 대처했는지, 같은 인류라는 점 외에 전혀 공통점이 없는 지구 반대편의 사람들에게 어떻게 잘 대해 주었는지에 따라 자신을 평가하게 되기를 희망합니다.

행운을 빕니다.

SPEECH

22

Alan Greenspan's
Wharton School
Commencement Speech

앨런 그린스펀의 와튼 스쿨 졸업식 연설

2005년 5월 15일, 와튼 스쿨

앨런 그린스펀(1926~)

앨런 그린스펀은 미국의 경제학자이며 1987년에서 2006년까지 미 연방준비제도이사회(Federal Reserve Board)의 의장을 지냈다. 컬럼비아 대학교를 거쳐 뉴욕 대학교에서 경제학 박사학위를 취득하였고, 1968년 대통령 선거 당시 닉슨 진영 경제고문, 1974년 포드 대통령 경제자문위원장, 1977년 타우샌드그린스펀 사장 등을 거쳐 1987년 레이건 행정부 때 연방준비제도이사회 의장으로 취임하면서 주목을 받기 시작하였다.

실물경제에 특히 밝아 시장에 대한 정확한 판단과 정책 입안으로 미국 경제계뿐 아니라 국민 대다수의 신뢰를 한 몸에 받았고, 1970년대 초 이후 미국의 28년 만의 최저 실업률, 29년 만의 재정흑자 및 고성장 등을 이끈 인물로 평가받았으며 미국의 경제 대통령이라는 별명을 얻었다. 재임 중 지나치게 조지 부시 대통령의 정책에 동조했고 주택 거품을 불러온 장본인이라는 비난을 받기도 했지만 미국의 경제와 통화정책에 지대한 영향을 미친 인물로 평가받고 있다.

이 연설은 그가 퇴임하기 1년 전인 2005년 5월 15일, 세계 최고의 비즈니스 스쿨로 평가받고 있는 펜실베이니아 대학 와튼 스쿨(Wharton School of the University of Pennsylvania) 졸업식에서 행한 졸업축사이다.

🎧 22-01

Trust as the necessary condition for commerce was particularly evident in freewheeling nineteenth-century America, where reputation became a valued asset. Throughout much of that century, laissez-faire reigned in the United States as elsewhere, and caveat emptor was the prevailing prescription for guarding against wide-open trading practices. In such an environment, a reputation for honest dealing, which many feared was in short supply, was particularly valued.

Even those inclined to be less than scrupulous in their personal dealings had to adhere to a more ethical standard in their market transactions, or they risked being driven out of business.

To be sure, the history of world business, then and now, is strewn with Fisks, Goulds, Ponzis and numerous others treading on, or over, the edge of legality. But, despite their prominence, they were a distinct minority. If the situation had been otherwise, late nineteenth and early twentieth century America would never have realized so high a standard of living. Indeed, we could not have achieved our current level of national productivity if ethical behavior had not been the norm or if corporate governance had been deeply flawed.

Check the Vocabulary

laissez-faire 자유방임주의 | **caveat emptor** 매수자 위험부담 | **scrupulous** 양심적인 | **strewn** 흩뿌려진 | **tread** 밟다 | **governance** 통치, 지배, 관리

신뢰가 상업활동에 불가결한 조건으로 떠오른 것은 자유로운 분위기의 19세기 미국에서 특히 두드러졌는데, 당시에는 평판이 좋다는 것이 높은 가치를 지녔습니다. 19세기 대부분 동안 다른 곳과 마찬가지로 자유방임주의가 미국을 지배했으며, 매입자가 위험을 부담한다는 원칙이 자유롭게 개방된 상업관행에서 가장 지배적인 규칙이었습니다. 이러한 환경에서, 많은 이들이 재고 부족에 처하는 것을 두려워하던 당시에 정직한 거래로 좋은 평판을 얻는 것은 특히 높은 가치를 지녔습니다.

개인적인 거래에서는 덜 양심적인 사람이라 할지라도 시장에서 거래를 할 때는 윤리 기준에 부합해야만 했으며, 그렇지 않을 경우 사업에서 손을 떼야 하는 위험을 감수해야 했습니다.

분명 세계 기업의 역사에는 그때나 지금이나 피스크와 굴드, 폰지와 같이 법률의 가장자리를 딛고 활동한 인물들이 있었습니다. 하지만 그들의 탁월함에도 불구하고 그들은 분명한 소수였습니다. 만약 상황이 정반대였다면 19세기 후반과 20세기 초반의 미국은 그렇게 높은 생활수준을 체험하지 못했을 것입니다. 사실 만약에 윤리적 행위가 규범화되지 않았거나 기업의 관리가 크게 잘못되었다면, 우리는 현재의 국가 생산성 수준을 달성하지 못했을 것입니다.

Over the past half-century, societies have chosen to embrace the protections of myriad government financial regulations and implied certifications of integrity as a supplement to, if not a substitute for, business reputation. Most observers believe that the world is better off as a consequence of these governmental protections. Accordingly, the market value of trust, so prominent in the 1800s, seemed by the 1990s to have become less necessary.

But recent corporate scandals in the United States and elsewhere have clearly shown that the plethora of laws and regulations of the past century have not eliminated the less-savory side of human behavior. We should not be surprised then to see a re-emergence of the value placed by markets on trust and personal reputation in business practice.

After the revelations of recent corporate malfeasance, the market punished the stock and bond prices of those corporations whose behaviors had cast doubt on the reliability of their reputations. There may be no better antidote for business and financial transgression. But in the wake of the scandals, the Congress clearly signaled that more was needed.

Check the Vocabulary

myriad 무수한 | **plethora** 과다, 과잉 | **savory** 맛 좋은, 기분 좋은 | **malfeasance** 부정행위 | **antidote** 해독제 | **transgression** 위반, 범죄

지난 반세기 동안, 여러 사회집단들이 정부의 막대한 금융규제의 보호를 채택했고, 건전성에 대한 증명이 기업의 명성을 대체하지는 못하더라도 그것을 보충해 주는 것으로 여겨졌습니다. 많은 관찰자들은 이러한 정부의 보호 덕택에 세계가 더 살기 좋은 곳으로 변한다고 믿었습니다. 따라서 1800년대에 뚜렷했던 신뢰에 대한 시장가치는 1990년대까지는 그다지 중요하지 않은 것이 되었습니다.

하지만 최근 미국과 다른 지역에서 벌어진 기업 관련 추문들은 지난 세기의 그 수많은 법률과 규제책들이 인간 행위의 바람직하지 않은 측면들을 제거하지 못했다는 것을 분명히 보여 줍니다. 또 우리는 신뢰에 기반한 시장과 기업관행에 있어 개인적 평판과 같은 가치가 새롭게 재조명되는 것에 놀랄 필요가 없습니다.

최근 기업 관련 부정행위가 드러난 이후에, 시장은 평판에 대한 믿음이 의심을 받게 되는 행위를 한 기업들의 주가와 채권 가격에 타격을 입혔습니다. 기업과 금융상의 범죄에 이보다 좋은 해독제는 없을 것입니다. 하지만 스캔들이 발생하자 의회는 분명히 추가적인 조치가 필요하다는 신호를 보내 왔습니다.

The Sarbanes-Oxley Act of 2002 appropriately places the explicit responsibility for certification of the soundness of accounting and disclosure procedures on the chief executive officer, who holds most of the decisionmaking power in the modern corporation. Merely certifying that generally accepted accounting principles were being followed is no longer enough. Even full adherence to those principles, given some of the imaginative accounting of recent years, has proved inadequate. I am surprised that the Sarbanes-Oxley Act, so rapidly developed and enacted, has functioned as well as it has. It will doubtless be fine-tuned as experience with the act's details points the way.

But the act importantly reinforced the principle that shareholders own our corporations and that corporate managers should be working on behalf of shareholders to allocate business resources to their optimum use. But as our economy has grown, and our business units have become ever larger, de facto shareholder control has diminished. Ownership has become more dispersed and few shareholders have sufficient stakes to individually influence the choice of boards of directors or chief executive officers. The vast majority of corporate share ownership is, of course, for investment, not to achieve operating control of a company.

Check the Vocabulary

explicit 명백한 | **adherence** 충실, 집착, 견지 | **enact** 제정하다 | **allocate** 할당하다, 배분하다 | **optimum** 최적의, 가장 알맞은 | **de facto** 사실상 | **diminish** 사라지다, 감소하다

2002년의 사베인즈-옥슬리 법은, 오늘날 기업에서 가장 많은 의사결정력을 지닌 최고경영자에 대해 회계와 정보공개 절차의 건전성을 확보할 분명한 책임을 적절하게 지우고 있습니다. 일반적으로 사용되는 회계원칙들을 따르고 있다고 단순히 밝히는 것만으로는 이제는 충분하지 않습니다. 최근 몇 년간의 가상적인 회계를 놓고 보았을 때, 이러한 원칙들에 충실하다 하더라도 부족한 것으로 드러났습니다. 저는 사베인즈-옥슬리 법이 이렇게 빨리 의견을 모으고 제정되어 기능을 제대로 하는 것에 대해 놀랐습니다. 이 법은 분명히 세부조항과 관련된 경험이 쌓이면서 약간 손질을 보게 될 것입니다.

하지만 이 법안은 주주가 기업을 소유하며 기업관리자는 기업 자원을 효율적으로 운용하기 위해서 주주를 위해 일해야 한다는 원칙을 의미 있게 강화합니다. 하지만 우리의 경제가 발전하면서, 그리고 우리의 경제 주체들의 덩치가 커지면서, 사실상의 주주 통제는 사라졌습니다. 소유권은 분산되었고 이사회 임원이나 최고경영자를 선택하는 데 있어 개인적으로 영향을 미칠 수 있는 충분한 지분을 갖는 주주는 거의 없습니다. 기업 주주 소유권의 대부분은 물론 투자 목적이지 기업운영 통제를 얻기 위한 것이 아닙니다.

Check the Vocabulary

disperse 분산시키다

SPEECH

23

Oprah Gail Winfrey's
Wellesley College
Commencement Speech

오프라 윈프리의 웰슬리 대학교 졸업식 연설

1997년 5월 30일, 웰슬리 대학교

오프라 윈프리(1954~)

미국의 여성 방송인으로, 수차례 에미상을 수상한 토크쇼 '오프라 윈프리 쇼'의 진행자이며, 도서 비평가, 배우 등으로도 활동하고 있고 두 종의 잡지를 발행하고 있다.

사생아로 태어나 아홉 살 때 사촌에게 성폭행을 당하고 마약에 빠지는 등 불우한 어린 시절을 보냈으나 현재 그녀가 진행하는 토크쇼는 전 세계 100여 국에서 방영되고 있으며, 잡지, 케이블TV, 인터넷까지 포괄하는 미디어기업 하포(Harpo, Oprah의 역순)의 회장이기도 하다.

2003년 초 실시된 해리스 여론조사에서 1998년과 2000년에 이어 미국인들이 가장 좋아하는 TV 방송인으로 꼽혔다. 20세기 가장 부유한 아프리카계 미국인으로 꼽힌다. 다양한 자선활동으로도 유명한 그녀는 CNN과 타임 등 여러 언론매체에 의해 현재 세계에서 가장 영향력 있는 여성 중 한 명으로 인정받고 있다.

23-01

Turn your wounds into wisdom. You will be wounded many times in your life. You'll make mistakes. Some people will call them failures but I have learned that failure is really God's way of saying, "Excuse me, you're moving in the wrong direction." It's just an experience, just an experience.

I remember being taken off the air in Baltimore, being told that I was no longer being fit for television and that I could not anchor the news because I used to go out on the stories and my own truth was, even though I am not a weeper, I would cry for the people in the stories, which really wasn't very effective as a news reporter to be covering a fire and crying because the people lost their house. And it wasn't until I was demoted as an on-air anchor woman and thrown into the talk show arena to get rid of me, that I allowed my own truth to come through.

The first day I was on the air doing my first talk show back in 1978, it felt like breathing, which is what your true passion should feel like. It should be so natural to you. And so, I took what had been a mistake, what had been perceived as a failure with my career as an anchor woman in the news business and turned it into a talk show career that's done OK for me!

Check the Vocabulary

demote 좌천시키다 | **arena** 영역, 장

254

여러분의 상처를 지혜로 바꾸십시오. 여러분은 살아가면서 수없이 상처받을 것입니다. 여러분은 실수를 저지를 것입니다. 어떤 이들은 그것을 실패라고 부르겠지만 저는 실패란 신이 다음과 같이 말하는 것이라는 걸 배웠습니다. "실례합니다. 당신은 잘못된 길로 들어섰군요." 그것은 그저 경험일 뿐입니다. 경험일 뿐이에요.

저는 볼티모어 방송국에서 쫓겨나면서 제가 텔레비전 방송에는 어울리지 않고, 본 이야기에서 벗어나는 경우가 많기 때문에 뉴스를 진행할 수 없다는 이야기를 들었던 것을 기억합니다. 사실 저는 잘 우는 편은 아니지만 뉴스 속의 등장하는 사람들을 위해 울곤 했습니다. 사실 화재 현장을 취재하는 리포터가 우는 것은 사람들이 자신의 집을 잃었다는 것을 놓고 볼 때 그다지 효과적이지 않았습니다. 그리고 생방송 앵커우먼 자리에서 좌천되어 토크쇼로 자리를 옮기고 나서야 저는 저의 진실을 드러낼 수 있었습니다.

1978년 처음 토크쇼를 시작했고 그것은 마치 여러분의 진정한 열정이 느낄 수 있을 법한 그런 숨 쉬기와 같았습니다. 그것은 여러분에게 매우 자연스러울 것입니다. 그리고 저는 제 뉴스 앵커우먼으로서의 경력에 있어 실수였던 것, 실패로 간주되었던 것들을 가지고 토크쇼로 가져와 저의 장점으로 바꾸었습니다!

Be grateful. I have kept a journal since I was 15 years old and if you look back on my journal when I was 15, 16, it's all filled with boy trouble, men trouble, my daddy wouldn't let me go to Shoney's with Anthony Otie, things like that. As I've grown older, I have learned to appreciate living in the moment and I ask that you do, too. I am asking this graduating class, those of you here, I've asked all of my viewers in America and across the world to do this one thing. Keep a grateful journal. Every night list five things that happened this day, in days to come that you are grateful for. What it will begin to do is to change your perspective of your day and your life. I believe that if you can learn to focus on what you have, you will always see that the universe is abundant and you will have more. If you concentrate and focus in your life on what you don't have, you will never have enough. Be grateful. Keep a journal. You all are all over my journal tonight.

Check the Vocabulary

perspective 시각, 관점 | **abundant** 풍부한, 많은

256

매사에 감사하십시오. 저는 제가 15살이었을 때부터 일기를 썼습니다. 여러분이 제 15, 16살 때의 일기를 들춰 보면 그 내용은 온통 남자와 관련된 것들로 가득 차 있습니다. 아버지는 내가 앤소니 오티라는 남자와 쇼니즈라는 식당에 가지 못하게 했다는 식이지요. 나이가 들면서 저는 매 순간을 살아가는 것을 즐기는 것을 배우게 되었고 여러분도 그러시라고 부탁드립니다. 저는 이 한 가지를 해 달라고 현재 이곳에 계신 올해 졸업생들에게 부탁하고 있고, 미국과 전 세계에서 제 방송을 시청하시는 분들에게 부탁을 해 왔습니다. 감사에 찬 일기를 쓰시라고요. 매일 밤 오늘 일어난 일, 그리고 앞으로 일어날 일에서 내가 감사해야 하는 일 다섯 가지를 적으십시오. 우선은 여러분의 하루와 인생에 대한 시각을 바꾸는 것으로 시작해야 합니다. 저는 만약 여러분이 지금 가진 것에 집중하는 법을 배운다면, 여러분은 이 우주는 풍성하며 여러분은 더 많은 것을 얻을 수 있으리라는 것을 항상 보게 될 거라고 믿습니다. 만약 여러분의 삶에 없는 것에 집중한다면 여러분은 항상 부족함을 느낄 것입니다. 매사에 감사하십시오. 일기를 쓰십시오. 여러분 모두는 오늘 밤 제 일기 안에 기록될 것입니다.

Create the highest, grandest vision possible for your life because you become what you believe. When I was little girl, Mississippi, growing up on the farm, only Buckwheat as a role model, watching my grandmother boil clothes in a big, iron pot through the screen door, because we didn't have a washing machine and made everything we had. I watched her and realized somehow inside myself, in the spirit of myself, that although this was segregated Mississippi and I was colored and female, that my life could be bigger, greater than what I saw.

I remember being four or five years old, I certainly couldn't articulate it, but it was a feeling and a feeling that I allowed myself to follow. I allowed myself to follow it because if you were to ask me what is the secret to my success, it is because I understand that there is a power greater than myself, that rules my life and in life if you can be still long enough in all of your endeavors, the good times, the hard times, to connect yourself to the source, I call it God, you can call it whatever you want to, the force, nature, Allah, the power. If you can connect yourself to the source and allow the energy that is your personality, your life force to be connected to the greater force, anything is possible for you. I am proof of that. I think that my life, the fact that I was born where I was born, and the time that I was and have been able to do what I have done speaks to the possibility. Not that I am special, but that it could be done. Hold the highest, grandest vision for yourself.

Check the Vocabulary

segregate 차별하다, 분리하다 | **articulate** 명확히 표현하다

당신 인생에 대해 가능한 한 크고 웅장한 꿈을 꾸십시오. 왜냐하면 여러분은 여러분이 믿는 바대로 되기 때문입니다. 제가 미시시피의 농장에서 자라는 어린 소녀였을 때, 버크휘트 같은 프로그램이 유일한 역할 모델이었던 그때, 우리 집에는 세탁기가 없었고 살림살이는 모두 직접 만들었기 때문에 할머니가 빨래를 망을 친 문을 통해서 철로 된 큰 냄비 안에 넣고 삶고 있었습니다. 저는 할머니를 보면서 제 마음속, 제 정신 안에서 무언가를 깨달았는데, 그것은 비록 제가 인종차별이 이루어지는 미시시피에 있고 유색인종인 여성이긴 하지만, 나의 삶은 내가 보는 것보다 크고 위대한 것이 될 수 있다는 것이었습니다.

제가 4살이나 5살이던 때가 기억납니다. 분명하게 표현할 수는 없었지만 그것은 어떤 느낌이었고, 그 느낌은 제가 따르기로 결심한 것이었습니다. 그것을 왜 따르기로 했냐면, 만약 여러분이 제 성공의 비결이 무엇이냐고 묻는다면 저는 저보다 크고 제 삶을 지배하는, 만약 여러분이 행복할 때나 힘들 때나 그 기원과 자신을 접속하기를 원한다면, 찾아오는 힘이 있다고 생각하기 때문이라고 말할 것이기 때문입니다. 저는 그것을 신이라고 부릅니다. 여러분은 그것을 자기 마음대로 부를 수 있습니다. 힘, 자연, 알라신, 능력 등으로요. 만약 여러분이 자신을 그 기원과 접속하여 그 에너지를 자신의 책임하에 둔다면, 여러분 삶의 힘을 더 커다란 힘과 접속한다면, 여러분에게 불가능은 없을 것입니다. 저 자신이 그 증거입니다. 저는 저의 삶, 즉 제가 태어난 곳, 제가 태어난 시절 그리고 제가 할 수 있었던 것과 제가 한 것들이 그 가능성을 증명해 준다고 생각합니다. 제가 특별하기 때문이 아니라, 일어날 수 있는 일이기 때문입니다. 여러분 자신을 위해 크고 웅장한 꿈을 꾸십시오.

Check the Vocabulary

23-04

Just recently we followed Tina Turner around the country because I wanted to be Tina. So I had me a nice little wig made and I followed Tina Turner because that is what I can do and one of the reasons I wanted to do that is Tina Turner is one of those women who have overcome great obstacles, was battered in her life, and like a phoenix rose out of that to have great legs and a great sense of herself. I wanted to honor other women who had overcome obstacles and to say that Tina's life, although she is this great stage performer, Tina's life is a mirror of your life because it proves that you can overcome.

Every life speaks to the power of what can be done. So I wanted to honor women all over the country and celebrate their dreams and Tina's tour was called the Wildest Dreams Tour. So I asked women to write me their wildest dreams and tell me what their wildest dreams were. Our intention was to fulfill their wildest dreams. We got 77,000 letters, 77,000. To our disappointment we found that the deeper the wound the smaller the dreams. So many women had such small visions, such small dreams for their lives that we had a diffcult time coming up with dreams to fulfill. So we did fulfill some.

Check the Vocabulary

obstacle 장애물 | **batter** 구타하다 | **wild dream** 터무니없는 꿈

최근에 우리는 전국에 걸쳐 티나 터너를 흉내 냈습니다. 왜냐하면 티나처럼 되고 싶었기 때문입니다. 그래서 저는 작고 예쁜 가발을 사서는 티나 터너처럼 꾸몄습니다. 제가 그렇게 한 이유 중 하나는 그녀가 큰 장애를 극복한 여성이기 때문입니다. 일생을 통해 구타당하며 살아왔지만 결국 이를 넘어서 아름다운 다리와 자신에 대한 애정을 지닌 인물로 거듭났습니다. 저는 장애를 극복한 다른 여성들을 찬양하고 싶습니다. 그리고 비록 티나가 뛰어난 무대를 보여 주는 연예인이긴 하지만, 티나의 삶이 여러분도 자신의 장애를 극복할 수 있음을 보여 주는, 당신 인생의 거울임을 말하고 싶습니다.

모든 사람들이 이룩될 수 있는 것의 힘을 이야기합니다. 그래서 저는 우리나라 곳곳의 여성들과 그들의 꿈에 경의를 표하고자 합니다. 그리고 티나의 투어는 '가장 터무니없는 꿈' 투어라고 불렸습니다. 그래서 저는 여성들에게 그들의 가장 터무니없는 꿈이 무엇인지를 써 달라고, 말해 달라고 부탁했습니다. 저의 의도는 그 꿈을 실현시키는 것이었습니다. 우리는 77,000통의 편지를 받았습니다. 77,000통이요. 실망스럽게도, 상처가 깊은 사람일수록 더 작은 꿈을 꾼다는 사실을 발견했습니다. 너무 많은 여성들이 작은 비전, 작은 꿈을 가지고 있어서 우리는 실현시킬 만한 그 꿈을 고르는 데 어려움을 겪었습니다. 우리는 몇몇의 꿈을 실현시켰습니다.

We paid off all the college debt, hmmm, for a young woman whose mother had died and she put her sisters and brothers through school. We paid off all the bills for a woman who had been battered and managed to put herself through college and her daughter through college. We sent a woman to Egypt who was dying of cancer and her lifetime dream was to sit on a camel and use a cell phone. We bought a house for another woman whose dream had always been to have her own home but because she was battered and had to flee with her children one night, had to leave the home seventeen years ago. And then we brought the other women who said we just wanted to see you, Oprah, and meet Tina. That was their dream!

Imagine when we paid off the debt, gave the house, gave the trip to Egypt, the attitudes we got from the women who said, "I just want to see you." And some of them afterwards were crying to me saying that "we didn't know, we didn't know, and this is unfair," and I said, that is the lesson: you needed to dream a bigger dream for yourself. That is the lesson. Hold the highest vision possible for your life and it can come true.

Check the Vocabulary

flee 도망가다, 떠나다 | **come true** 실현되다

우리는 어머니는 돌아가셨고 남녀 동생들을 학교로 보내야만 했던 어린 소녀의 대학 학자금을 갚아 주었습니다. 우리는 남편에게 얻어맞으면서 자신의 딸과 함께 힘들게 대학을 다니던 여성의 제반 비용을 대 주었습니다. 우리는 낙타 위에 앉아서 휴대전화를 사용해 보는 것이 소원이던 암으로 죽어 가던 여성을 이집트로 보내 주었습니다. 우리는 자신의 집을 가지고 싶었지만 남편에게 맞고 지내다 17년 전 아이들을 데리고 집을 나와야 했던 여성에게 집 한 채를 사 주었습니다. 그리고 우리는 저와 티나를 만나고 싶어 했던 다른 여성들을 초대했습니다. 그들의 꿈은 이랬습니다!

우리가 그 빚을 갚았던 때를, 집을 주었을 때를, 이집트로 여행을 보냈을 때를 상상해보십시오. 그리고 "그저 당신을 보고 싶을 뿐이었어요."라고 말하던 여성들의 태도를 상상해 보십시오. 그들 중 일부는 이후에 "우리는 몰랐어요, 그것은 불공평해요."라고 말하며 눈물을 흘렸습니다. 그리고 전 이렇게 말했습니다. 자신을 위해 큰 꿈을 꿀 필요가 있다고. 이것이 교훈입니다. 삶에 대해 가능한 한 높은 이상을 품으면 그것은 실현될 수 있습니다.

SPEECH

24

Sting's
Berklee College of Music
Commencement Speech

스팅의 버클리 음악대학교 졸업식 연설

1994년 5월 24일, 버클리 음악대학교

스팅(1951~)

스팅은 잉글랜드 출신의 가수이다. 스팅이라는 이름으로 솔로활동을 하기 전에는 폴리스(The Police)라는 밴드에서 베이스 연주자로 활동했다. 어렸을 때부터 음악가가 되고 싶었던 그는 워윅 대학을 중퇴한 뒤, 버스차장, 건설현장 노동자, 세금징수원 등 다양한 직업을 전전하다 교육대학을 다닌 후 2년간 고등학교 교사로 일하기도 했다.

수많은 앨범을 히트시킨 그는 수차례 그래미 상을 수상했으며 적지 않은 영화에 배우로서 출연하기도 했다. 국제사면위원회(Amnesty International)의 활동을 지지하는 등 환경과 인권운동에 적극적으로 참여하고 있는데, 1988년 발표된 싱글 'They Dance Alone'은 칠레 피노체트 통치하에서 실종된 이들의 어머니들을 형상화하기도 했다. 또 세계 열대우림의 보존을 목적으로 하는 열대우림재단을 설립하기도 했다.

My earliest memory is also my earliest musical memory. I remember sitting at my mother's feet as she played the piano. She always played tangos for some reason. Perhaps it was the fashion at the time, I don't know. The piano was an upright with worn brass pedals. And when my mother played one of her tangos she seemed to become transported to another world. Her feet rocking rhythmically between the loud and soft pedals, her arms pumping to the odd rhythms of the tango, her eyes intent upon the sheet music in front of her.

For my mother, playing the piano was the only time that I wasn't the center of her world — the only time she ignored me. So I knew that something significant — some important ritual — was being enacted here. I suppose I was being initiated into something — initiated into some sort of mystery. The mystery of music.

Check the Vocabulary

odd 이상한 | **ritual** 의식 | **enact** 상연하다, 재현하다 | **initiate** 입회시키다

저의 가장 첫 기억은 음악과 관련된 저의 첫 기억이기도 합니다. 어머니가 피아노를 연주하실 때 발치에 앉아 있던 것이 기억나는군요. 어머니는 어떤 이유에선지 항상 탱고를 연주하셨습니다. 아마도 당시의 유행이었던 것 같은데, 잘 모르겠군요. 피아노는 브라스 페달이 닳은 직립형이었습니다. 탱고를 연주하실 때 어머니는 전혀 다른 세상으로 간 것처럼 보였습니다. 어머니의 발은 라우드 페달과 소프트 페달 사이를 주기적으로 움직였고, 팔은 탱고의 기묘한 리듬에 맞춰 들썩였습니다. 어머니의 눈은 앞에 놓인 악보에 집중해 있었죠.

어머니에게 있어 피아노를 연주할 때는 제가 어머니 세상의 중심이 되지 않는 유일한 시간이었습니다. 어머니가 저를 무시하는 유일한 때였죠. 그리고 저는 무언가 중요한, 일종의 의식이 그곳에서 거행되고 있다는 것을 알았습니다. 저는 제가 일종의 미스터리 속으로 들어가고 있었다고 생각합니다. 음악이라는 미스터리 속으로요.

24-02

And so I began to aspire to the piano and would spend hours hammering away at atonal clusters in the delusion that if I persisted long enough my noise would become music. I still labor under this delusion. My mother cursed me with the fine ear of a musician but the hands of a plumber. Anyway, the piano had to be sold to help us out of a financial hole, and my career as an atonal serialist was mercifully stunted. It wasn't until an uncle of mine emigrated to Canada, leaving behind an old Spanish guitar with five rusty strings that my enormous and clumsy fingers found a musical home, and I found what was to become my best friend. Where the piano had seemed incomprehensible, I was able to make music on the guitar almost instantaneously.

Melodies, chords, song structures fell at my fingertips. Somehow I could listen to a song on the radio and then make a passable attempt at playing it. It was a miracle. I spent hour after hour, day after day, month after month, just playing, rejoicing in the miracle and probably driving my parents round the bend.

Check the Vocabulary

hammer away at ~을 열심히 하다 | atonal cluster 무조 클러스터 | delusion 망상, 현혹 |
plumber 배관공 | serialist 음렬주의의 작곡가 | stunt 방해하다, 가로막다 | emigrate 이민하다 |

그리고 저는 피아노를 동경하기 시작했고, 계속하면 언젠가는 소음이 음악으로 변할 거라는 망상을 하며 되는대로 피아노를 두들기며 시간을 보내고는 했습니다. 저는 지금도 어머니 덕분에 생긴 이런 망상하에서 음악가의 귀와 배관공의 손을 가지고 애쓰고 있습니다. 어쨌든 처지가 어려워져서 피아노는 팔아야만 했고, 무조음악가로서의 제 경력은 다행히도 정지되었습니다. 그러다가 제 삼촌이 캐나다로 유학을 떠나면서 낡은 줄 다섯 개가 달린 오래된 스페인 기타를 남겼고, 제 크고 둔한 손가락은 음악적 안식처를 찾았습니다. 그리고 저는 이후 최고의 친구가 될 것을 찾은 것이죠. 피아노는 이해할 수 없는 것처럼 보였던 반면에, 기타를 가지고는 거의 즉석에서 음악을 만들 수 있었습니다.

멜로디와 코드, 음악의 구조들이 제 손가락 끝에 떨어졌습니다. 라디오로 노래를 듣고 나면 꽤 그럴듯하게 연주를 할 수 있었습니다. 기적이었죠. 그저 연주하고, 기적 같은 일에 기뻐하면서, 그리고 부모님을 살짝 돌게 만들면서 세월이 흘러갔습니다.

Check the Vocabulary

instantaneously 즉각적으로 | **passable** 그런대로의, 마음에 드는 | **round the bend** 이성을 잃은

🎧 24-03

But it was their fault in the first place. Music is an addiction, a religion, and a disease. There is no cure. No antidote. I was hooked.

There was only one radio station in England at that time — the BBC. And you could hear the Beatles and the Rolling Stones side by side with bits of Mozart, Beethoven, Glenn Miller and even the blues. This was my musical education. Its eclecticism supplemented by my parents' record collection of Rodgers and Hammerstein, Lerner and Lowe, Elvis Presley, Little Richard, and Jerry Lee Lewis. But it wasn't until the Beatles that I realized that perhaps I could make a living out of music.

The Beatles came from the same working-class background as I did. They were English, and Liverpool wasn't any fancier or more romantic than my own home town. And my guitar went from being the companion of my solitude to the means of my escape.

Check the Vocabulary

addiction 중독 | **hooked** 중독된, 열중한 | **eclecticism** 절충주의, 절충 방식 | **fancy** 화려한, 근사한, 고급의 | **solitude** 고독

하지만 이것은 부모님의 첫 번째 실수였습니다. 음악은 중독이고 종교이며 질병입니다. 치료제도 없습니다. 해독제가 없는 것이죠. 저는 완전히 빠져들고 말았습니다.

당시 잉글랜드에선 라디오 방송국이 BBC 하나뿐이었습니다. 비틀스, 롤링 스톤즈와 함께 약간의 모차르트, 베토벤, 글렌 밀러 그리고 심지어는 블루스 음악도 들을 수 있었죠. 이것이 제가 받은 음악교육입니다. 부모님이 가지고 있던 로저스와 해머스타인, 러너와 로우, 엘비스 프레슬리, 리틀 리처드, 제리 리 루이스 등의 음반들도 포함되었습니다. 하지만 비틀즈를 알게 되고 나서야 저는 어쩌면 음악으로 생계를 유지할 수도 있겠다는 생각을 하게 되었습니다.

비틀즈는 저처럼 노동자계급 출신이었습니다. 그들은 영국인이었고, 그들의 고향인 리버풀은 제 고향보다 더 화려하거나 로맨틱한 곳은 아니었습니다. 그리고 제 기타는 저의 고독의 친구에서 도피 수단이 되었습니다.

Check the Vocabulary

There's a lot been written about my life after that time so that I can't remember what's true and what isn't. I had no formal musical education. But I suppose I became successful by a combination of dumb luck, low cunning, and risk-taking born out of curiosity. I still operate in the same way. But your curiosity in music is never entirely satisfied. You could fill libraries with what I don't know about music. There's always something more to learn.

Now, musicians aren't particularly good role models in society. We really don't have a very good reputation. Philanderers, alcoholics, addicts, alimony-jumpers, tax-evaders. And I'm not just talking about rock musicians. Classical musicians have just as bad a reputation. And jazz musicians ⋯ forget it! But when you watch a musician play — when he enters that private musical world — you often see a child at play, innocent and curious, full of wonder at what can only be adequately described as a mystery — a sacred mystery even. Something deep. Something strange. Both joyous and sad. Something impossible to explain in words. I mean what could possible keep us playing scales and arpeggios hour after hour, day after day, year after year? Is it some vague promise of glory, money, or fame? Or is it something deeper?

Check the Vocabulary

philanderer 바람둥이 | **alimony-jumper** 위자료 회피자 | **tax evader** 세금 포탈자 | **scale** 음계 |
arpeggio 펼침 화음 | **vague** 모호한, 애매한

그 이후에도 무엇이 사실이고 무엇이 사실이 아닌지 기억할 수 없을 정도로 제 일생에 많은 일이 일어났습니다. 저는 공식적인 음악 교육은 받은 적이 없습니다. 하지만 저는 바보 같은 행운과 교활한 잔꾀, 그리고 호기심으로 위험을 감수하려는 태도가 결합되어 성공을 얻을 수 있었다고 생각합니다. 저는 아직도 그런 식으로 행동하고 있습니다. 하지만 여러분의 음악에 대한 호기심은 결코 채워지지 않을 것입니다. 여러분은 제가 잘 모르는 음악에 대한 지식으로 자신을 채울 수 있습니다. 배울 것은 언제나 존재합니다.

자, 음악가들은 사실 사회에 있어 그렇게 좋은 롤 모델은 아닙니다. 우리는 그렇게 좋은 평판을 갖고 있지 않습니다. 바람둥이, 알콜 중독자, 마약 중독자, 위자료 회피자, 세금 회피자이지요. 게다가 전 아직 록 음악가들에 대해서는 말도 꺼내지 않았습니다. 클래식 음악가들도 역시나 평판이 좋지 않습니다. 그리고 재즈 음악가들은… 아 그만하죠! 하지만 음악가들이 연주를 할 때, 즉 자신만의 음악 세계로 들어갈 때 여러분은 흔히 놀이를 하는, 순진하고 호기심에 차서 그저 미스터리 — 심지어 신성한 미스터리 — 라고밖에는 할 수 없는 것들을 놀라운 눈으로 바라봅니다. 깊고, 낯설고, 즐거우면서도 슬프죠. 말로 설명하기 불가능합니다. 무엇이 매 시간, 매일, 매해 동안 음계와 화음을 연주하는 것을 가능하게 할까요? 영예, 돈, 명성에 대한 불확실한 보장일까요? 아니면 더 심오한 것일까요?

Our instruments connect us to this mystery and a musician will maintain this sense of wonder 'til the day he or she dies. I had the privilege of spending some time with the great arranger Gil Evans in the last year of his life. He was still listening, still open to new ideas, still open to the wonder of music. Still a curious child.

Check the Vocabulary

arranger 편곡자

악기는 우리를 이 미스터리와 연결해 주고 음악가는 이 놀라운 느낌을 그가 죽는 날까지 간직합니다. 저는 위대한 편곡가 길 에반스의 인생 마지막 해를 그와 함께 지내는 특권을 누렸던 적이 있습니다. 그는 여전히 타인의 의견을 듣고 새로운 생각에 마음을 열었으며, 여전히 음악의 경이로움을 수용하는 사람이었습니다. 여전히 호기심에 찬 어린이였지요.

SPEECH

25

Bono's University of Pennsylvania Commencement Speech

보노의 펜실베이니아 대학교 졸업식 연설

2004년 5월 17일, 펜실베이니아 대학교

보노(1960~)

아일랜드의 더블린 태생인 보노(본명: 폴 데이비드 휴슨)는 아일랜드의 락밴드 U2의 리드싱어로, U2가 발표한 거의 모든 노래의 작사를 담당했다. 1976년 결성된 4인조 락밴드 U2는 정치, 사회, 종교, 문명, 인종차별, 환경문제 등 사회문제와 따뜻한 인간애를 담은 노래로 전 세계 음악팬들로부터 많은 사랑을 받아 왔다.

U2는 2001년 그래미상 시상식에서 'All That You Can't Leave Behind'에 수록된 '아름다운 날(Beautiful Day)'이란 노래로 '올해의 음반', '올해의 노래', '최우수 록그룹'의 3개 상을 받았으며, 2002년 그래미상 시상식에서는 'Walk On'으로 '올해의 레코드', '베스트 팝 퍼포먼스 그룹', '최우수 록그룹' 부문 등을 수상했다.

보노는 빈국의 부채탕감과 같은 문제에서 영향력 있는 로비스트로 활동했는데, 2002년 초에는 폴 오닐 미국 재무 장관과 함께 아프리카를 방문했으며 미 시사주간지『타임』은 '보노가 세계를 구할 것인가'라는 기사를 싣기도 했다. 2002년 2월 열린 세계경제포럼(WEF) 연례총회에서는 토론자로서 제3세계의 부채를 탕감해 줄 것을 호소했다. 영국 왕실로부터 명예 기사작위를 받았으며 노벨 평화상 후보로 지명되기도 했다.

There's a really great, truly great Irish poet; his name is Brendan Kennelly, and he has this epic poem called the Book of Judas, and there's a line in that poem that never leaves my mind. It says: "If you want to serve the age, betray it." What does that mean to betray the age? Well to me betraying the age means exposing its conceits, its foibles, its phony moral certitudes. It means telling the secrets of the age and facing harsher truths. Every age has its massive moral blind spots. We might not see them, but our children will. Slavery was one of them and the people who best served that age were the ones who called it as it was, which was ungodly and inhuman. Ben Franklin called it when he became president of the Pennsylvania Abolition Society. Segregation. There was another one. America sees this now but it took a civil rights movement to betray their age. And 50 years ago the U.S. Supreme Court betrayed the age May 17, 1954, Brown vs. Board of Education came down and put the lie to the idea that separate can ever really be equal. Amen to that.

Check the Vocabulary

epic poem 서사시 | **betray** 배신하다 | **conceit** 자만 | **foible** 결점, 약점 | **phony moral certitude** 허위 도덕 | **harsh truth** 냉혹한 진실 | **blind spot** 맹점, 사각 | **ungodly** 죄 많은

브렌단 케넬리라는 참으로 위대한 아일랜드 시인이 있습니다. 그는 『유다의 책』이라는 연작시의 작가인데 그 시의 다음 구절이 저의 마음을 떠나지 않습니다. "시대에 기여하고자 한다면, 그것을 배반해라." 시대를 배반한다는 말은 무엇을 의미하는 것일까요? 저는 그 말이 시대의 독단을 드러내는 것, 시대의 결점과 위선적인 윤리를 고발하는 것이라고 생각합니다. 그 말은 시대의 비밀을 털어놓고 냉혹한 진실과 맞닥뜨리는 것이라고 생각합니다. 모든 시대는 각자의 엄청나게 심각한 윤리적 맹점을 지니고 있습니다. 우리가 그것을 보지 못할 수도 있지만 우리의 아이들은 보게 될 것입니다. 노예제도는 그러한 맹점 중의 하나였고 그 시대에 가장 기여한 사람은 노예제도가 사악하고 비인간적이라고 외친 사람들입니다. 벤자민 프랭클린은 그가 펜실베이니아 노예제도 폐지협회의 회장이 되었을 때 그것을 외쳤습니다. 흑백분리라는 다른 문제가 있었지요. 미국이 그 시대를 배신하는 데에는 시민권운동이 필요했습니다. 그리고 50년 전 미 연방대법원은 1954년 5월 17일의 '브라운 대 (토피카) 교육위원회' 판결을 통해 분리는 평등함과 같다는 생각이 거짓임을 밝힘으로써 시대를 배반했습니다. 그렇고 말고요.

Check the Vocabulary

segregation 차별, 분리

25-02

Fast forward 50 years May 17, 2004, what are the ideas right now worth betraying? What are the lies we tell ourselves now? What are the blind spots of our age? What's worth spending your post-Penn lives trying to do or undo? It might be something simple. It might be something as simple as our deep down refusal to believe that every human life has equal worth. Could that be it? Could that be it?

Each of you will probably have your own answer, but for me that is it. And for me the proving ground has been Africa. Africa makes a mockery of what we say, at least what I say, about equality. It questions our pieties and our commitments because there's no way to look at what's happening over there and its effect on all of us and conclude that we actually consider Africans as our equal before God. There is no chance.

Check the Vocabulary

deep down 본심은, 내심은 | **make a mockery of** ~을 비웃다 | **piety** 신앙심, 경건

280

50년 후인 2004년 5월 17일로 돌아와 보면, 바로 지금 배반할 만한 생각에는 무엇이 있을까요? 지금 우리가 자신에게 하는 거짓말들은 무엇입니까? 우리 시대의 맹점은 무엇입니까? 대학 졸업 이후의 삶을 바칠 만큼 가치 있는 일은 무엇일까요? 그건 어쩌면 간단한 일인지도 모릅니다. 인간 각자의 삶은 동일한 가치를 지니고 있다는 믿음을 마음속 깊이 거부하는 것만큼이나 간단할지도 모릅니다. 정말 가치가 동일하냐고요? 정말 가치가 동일하냐고요?

여러분 각자는 아마도 자신만의 대답을 가지고 있을 것입니다. 하지만 저의 대답은 그렇다입니다. 그리고 제게 있어 그것을 증명해 주는 것은 아프리카입니다. 아프리카는 우리가 평등에 대해 말하는 것을, 최소한 제가 말하는 것을 비웃습니다. 그리고 아프리카는 우리의 신앙심과 신념에 의문을 제기하는데, 왜냐하면 그곳에서 무슨 일이 일어나는지, 그리고 우리에게 미치는 영향에 대해 전혀 관심도 없으면서 우리는 아프리카인들이 신 앞에서 우리와 평등한 존재라고 말하기 때문입니다. 당연한 것이죠.

SPEECH

26

Toni Morrison's Wellesley College Commencement Speech

토니 모리슨의 웰슬리 대학교 졸업식 연설

2004년 5월 28일, 웰슬리 대학교

토니 모리슨(1931~)

퓰리처 상과 노벨 문학상을 수상한 미국의 소설가이다. 오하이오 주 로레인에서 출생하였으며 본명은 클로이 앤터니 워퍼드(Chloe Anthony Wofford)이다. 하워드 대학교와 코넬 대학교를 졸업했다. 그녀의 작품은 서사시적 주제, 인물간의 생생한 대화, 아프리카계 미국인들에 대한 사실적인 묘사 등을 특징으로 한다.

딸이 노예가 되는 것을 막기 위해 딸을 죽이는 한 흑인 여인의 이야기를 다룬『사랑하는 사람(Beloved)』(1987)으로 1988년 퓰리처 상을 수상했다. 이후『재즈(Jazz)』, 『파라다이스(Paradise)』, 『사랑(Love)』 등을 발표했으며 1993년에는 아프리카계 미국인으로는 최초로 노벨 문학상을 수상했다. 대학교수, 편집자로도 활동하고 있는 그녀는 2001년도에 여성지『레이디스 홈 저널(Ladies' Home Journal)』에 의해 '미국의 가장 영향력 있는 여성 30인' 중 한 명으로 선정되기도 했다.

26-01

Well, if I can't talk inspiringly and hopefully about the future or the past or the present and your responsibility to the present or happiness, you might be wondering why I showed up. If things are that dour, that tentative, you might ask yourself, what's this got to do with me? What about my life? I didn't ask to be born, as they say. I beg to differ with you. Yes, you did! In fact, you insisted upon it. It's too easy, you know, too ordinary, too common to not be born. So your presence here on Earth is a very large part your doing.

Of course, you're general, but you're also specific. A citizen and a person, and the person you are is like nobody else on the planet. Nobody has the exact memory that you have. What is now known is not all what you are capable of knowing. You are your own stories and therefore free to imagine and experience what it means to be human without wealth. What it feels like to be human without domination over others, without reckless arrogance, without fear of others unlike you, without rotating, rehearsing and reinventing the hatreds you learned in the sandbox. And although you don't have complete control over the narrative, no author does, I can tell you, you could nevertheless create it.

Check the Vocabulary

dour 기분이 언짢은 | **domination** 지배 | **reckless** 무모한

이제 저는 미래나 과거, 현재, 현재에 대한 여러분의 책임, 그리고 행복에 대해서 영감을 주거나 희망에 찬 이야기는 할 수 없습니다. 여러분은 왜 제가 오늘 이 자리에 섰는지 궁금할 것입니다. 세상사가 이렇게 음울하고 불확실하다면, 여러분은 자신에게 물을 것입니다. 이게 나하고 무슨 상관이 있지? 내 삶은 어떻지? 난 태어나게 해달라고 부탁하지 않았어. 실례지만 제 생각은 다릅니다. 예, 그렇습니다. 사실, 여러분은 적극적으로 이 세상에 태어난 것입니다. 이 세상에 태어나지 않는 것은 너무 쉽고, 너무 흔한 일입니다. 지구상에 여러분이 존재한다는 사실은 여러분에게 있어 대단히 큰 의미입니다.

물론 여러분은 평범하기도 하지만 한편으로 특별하기도 합니다. 시민이자 한 사람이며, 여러분 같은 사람은 이 지구상에 둘도 없는 존재입니다. 그 누구도 여러분과 동일한 기억을 가지고 있지 않습니다. 지금 알려진 것은 여러분이 알 수 있는 것의 전부가 아닙니다. 여러분은 자신의 이야기를 스스로 쓰는 사람이고, 따라서 부귀영화가 없이 한 인간이 된다는 것이 무엇인지를 상상하고 경험할 자유가 있습니다. 타인을 지배하지 않는, 무모한 오만한 태도를 갖지 않는, 자신과 같지 않은 사람을 두려워하지 않는, 교대 없이 어렸을 때 배운 증오를 연습해서 재발명하지 않는 인간이 된다는 것은 어떤 기분일까요? 비록 여러분이 그 이야기를 완전하게 지배할 수는 없겠지만, 아마 그 어떤 저자도 그럴 것이겠지만요, 여러분은 그럼에도 이야기를 만들어 낼 수 있습니다.

Check the Vocabulary

Although you will never fully know or successfully manipulate the characters who surface or disrupt your plot, you can respect the ones who do by paying them close attention and doing them justice. The theme you choose may change or simply elude you, but being your own story means you can always choose the tone. It also means that you can invent the language to say who you are and how you mean. But then, I am a teller of stories and therefore an optimist, a believer in the ethical bend of the human heart, a believer in the mind's disgust with fraud and its appetite for truth, a believer in the ferocity of beauty. So, from my point of view, which is that of a storyteller, I see your life as already artful, waiting, just waiting and ready for you to make it art.

Check the Vocabulary

manipulate 조종하다 | **do ~ justice** ~를 공정하게 대하다 | **elude** 회피하다, 벗어나다 | **disgust** 혐오 | **fraud** 사기 | **ferocity** 흉포 | **artful** 교묘한

그 이야기에 등장하거나 이야기를 방해하는 인물들을 여러분이 완벽하게 알거나 성공적으로 조종할 수는 없을 것입니다. 하지만 여러분은 그들을 세밀하게 관찰하고 공정하게 대함으로써 그들을 존중할 수 있습니다. 여러분이 정한 주제는 바뀔 수도 있고, 아니면 여러분을 피해 갈 수도 있습니다. 하지만 여러분 자신의 이야기를 쓴다는 것은 항상 어조를 선택할 수 있는 것입니다. 그리고 여러분은 여러분 자신이 누구인지, 무엇을 말하고자 하는지를 드러낼 수 있는 언어를 창조할 수 있습니다. 그리고 저는 이야기꾼이고, 따라서 낙관론자이자 인간의 윤리성을 믿는 사람입니다. 그리고 인간 정신이 거짓을 혐오하고 진실을 추구한다는 것을, 격렬한 아름다움을 믿는 사람입니다. 그러니 이야기꾼으로서의 저의 관점에서 볼 때, 여러분의 삶은 이미 뛰어난 기교로 가득 차 있고, 여러분이 작품으로 만들어 주기를 기다리고 있습니다.

Check the Vocabulary

SPEECH

27

Dalai Lama's Emory University Commencement Speech

달라이 라마의 에머리 대학교 졸업식 연설

1998년 5월 11일, 에머리 대학교

달라이 라마(1935~)

달라이 라마는 1391년부터 전세된 티베트 불교 겔룩파(황모파)에 속하는 환생하는 라마(스승, 큰스님)이다. '달라이 라마'라는 칭호는 몽골의 알탄 칸이 3대 달라이 라마 소남 갸초에게 처음으로 사용하였고, 이후 그 법통을 잇는 모든 화신들에게 사용되고 있다. 몽골어 '다라이'는 '바다'를 뜻하며, 티베트어 '라마'는 산스크리트어의 '구루'에 해당하는 말로 '영적인 스승'이라는 뜻이다.

텐진 갸초는 현재 14대 달라이 라마로서 1935년 7월 6일 농부 집안에서 태어났다. 두 살에 달라이 라마의 현신으로 발견되어 '제춘 잠펠 가왕 놉상 예셰 텐진 갸초'라는 법명을 받고 1940년 14대 달라이 라마로 공식 취임했다. 현재 달라이 라마는 중국의 탄압을 피해 망명 중이다. 전 세계를 돌아다니며, 불교의 가르침을 알리면서 또한 티베트의 독립을 지지해 줄 것을 호소하고 있다. 중국 정부는 티베트 민족주의의 상징이자 그 자신이 민족주의자인 14대 달라이 라마에 대한 티베트인들의 존경행위를 박해하고 있다. 1959년 인도로 망명하여 티베트 망명정부를 세웠으며 1989년 노벨 평화상을 받았다.

🎧 27-01

President Chace, Your Excellency the Governor, members of the faculty, students, and honored guests:

It is a great privilege for me to be with you today and to address you on this commencement ceremony. I look around here today on this beautiful sight with lots of color and trees in full blossom, on this joyful occasion to all of you because it marks the culmination of many years of hard work and study.

Naturally, all of you who are receiving degrees today will be participating here with great excitement and also with great anticipation, and it seems that even the sun is participating in this occasion and trying to show its glory and brilliance. First of all I would like to take this opportunity to extend my congratulations to all of you. I also would like to express my appreciation to the hard work of all the members of the faculty, your teachers, and also the members of the staff who have all contributed toward your successful education. I'd also like of course to express my own personal appreciation for giving me the honorary degree, too. So that means also I should congratulate myself!

Check the Vocabulary

in full blossom 만발하여 | **culmination** 완성, 최고점

290

체이스 총장님, 주지사님, 교수님들과 학생들, 귀빈 여러분.

오늘 이곳 졸업식에서 여러분에게 연설을 하게 된 것을 영광으로 생각합니다. 오늘은 색색의 만개한 초목들로 아름다운 이곳에서, 수년간의 고된 연구와 학습의 완성을 기념하기 위한 기쁜 행사가 펼쳐집니다.

당연히 학위를 받는 여러분 모두는 큰 흥분과 또한 큰 기대를 가지고 이 자리에 참석했을 것입니다. 그리고 태양조차도 오늘 행사에 참석해 자신의 아름다움과 광휘를 드러내려 노력하는 것 같습니다. 우선 저는 여러분 모두에게 축하드리고 싶습니다. 또한 교수님들과 강사들과 기타 성공적인 교육을 위해 헌신한 직원들께 저의 감사를 드리고 싶습니다. 물론 저에게 명예학위를 주신 것에도 개인적인 감사를 드립니다. 그러니 저 자신에게도 축하를 해야겠군요!

27-02

Now I will try to speak directly to you through my broken English. In this solemn ceremony I think my broken English may not suit, but in order to save time and in order to communicate directly, I want to increase my courage to speak my broken English to you.

One of the unique things about humanity is the special human brain. We have the capacity to think and to memorize. We have something that can have very very special qualities.

Because of that, education becomes very important. I believe that education is like an instrument. Whether that instrument, that device, is used properly or constructively or in a different way depends on the user. We have education on the one hand; on the other hand, we have a good person. A good person means someone with a good heart, a sense of commitment, a sense of responsibility. Education and the warm heart, the compassionate heart — if you combine these two, then your education, your knowledge, will be constructive. Then you are yourself then becoming a happy person.

Check the Vocabulary

broken English 엉터리 영어 | **solemn** 엄숙한

이제 저는 여러분에게 좋지 않은 영어실력으로 이야기를 하려고 합니다. 이 엄숙한 졸업식에 제 나쁜 영어실력은 어울리지 않을지도 모릅니다. 하지만 시간을 절약하고 또 여러분과 직접 대화하고자 용기를 내어 좋지 않은 실력이나마 영어로 이야기하겠습니다.

인간만의 고유한 특성 중 하나는 인간의 두뇌입니다. 우리에게는 생각하고 기억할 수 있는 능력이 있습니다. 우리는 매우 특별한 능력을 지닌 무언가를 가지고 있습니다.

그래서 교육은 중요합니다. 저는 교육은 도구와 같다고 생각합니다. 도구가 올바르게 쓰이는지, 건설적으로 쓰이는지, 아니면 다른 방식으로 쓰이는지 등은 사용하는 사람에게 달려 있습니다. 우리에게 한 손에 교육이 있다면, 다른 한 손에는 훌륭한 사람이 있습니다. 훌륭한 사람이란 선한 마음과 헌신하고자 하는 마음과 책임감을 지닌 인물입니다. 교육과 동정심 어린 따뜻한 마음, 이 둘을 결합한다면 여러분의 교육과 지식은 건설적인 것이 될 것입니다. 그리고 여러분은 자기 자신을 찾게 되고 행복한 사람이 될 것입니다.

If you have only education and knowledge and a lack of the other side, then you may not be a happy person, but a person of mental unrest, of frustration. This will always happen. Not only that, but if you combine these two, your whole life will be a constructive and happy life. And certainly you can make immense benefit for society and the betterment of humanity. That is one of my fundamental beliefs: that a good heart, a warm heart, a compassionate heart, is still teachable. Please combine these two.

Then there is another thing I want to tell you. You have achieved your goal, and now you are ready to begin another chapter. Now you really start real life. Real life may be more complicated. It is bound to face some unhappy things and hindrance and obstacles, complications. So it is important to have determination and optimism and patience. If you lack patience, even when you face some small obstacle, you lose courage. There is a Tibetan saying, "Even if you have failed at something nine times, you have still given it effort nine times." I think that's important. Use your brain to analyze the situation. Do not rush through it, but think. Once you decide what to do about that obstacle, then there's a possibility that you will achieve your goal.

Check the Vocabulary

hindrance 장애, 방해 | **complication** 복잡, 골칫거리

만약 교육과 지식 이외에 다른 부분을 등한시한다면 여러분은 행복한 사람이 될 수 없고 정신적 불안과 좌절을 겪는 사람이 될 것입니다. 이러한 일은 언제나 계속될 것입니다. 그뿐 아니라 만약 여러분이 이 둘을 결합한다면 여러분의 생애는 건설적이고 행복한 삶이 될 것입니다. 그리고 분명히 여러분은 사회와 인류의 발전에 큰 이익을 가져올 수 있습니다. 이것이 저의 기본적인 믿음입니다. 선한 마음, 따뜻한 마음, 동정심으로 가득한 마음, 이것들은 가르칠 수 있는 것입니다. 부디 이것들을 교육, 지식과 결합시켜 주시기 바랍니다.

그리고 여러분에게 말씀드리고 싶은 것이 또 있습니다. 여러분은 목표를 달성했고 이제 인생의 새로운 장을 시작하려고 합니다. 이제야 여러분은 현실에서의 삶을 시작하는 것입니다. 현실에서의 삶은 좀 더 복잡합니다. 불행한 일이나 난관과 장애물, 곤란한 일들과 맞닥뜨리게 될 것입니다. 그래서 결단력과 낙관주의, 그리고 인내심을 갖는 것이 중요합니다. 인내심이 부족하다면 매우 작은 장애물에도 용기를 잃을 수 있습니다. 티벳에는 '아홉 번 실패했더라도 이미 아홉 번이나 노력을 기울인 것이다.'라는 속담이 있습니다. 저는 이것이 중요하다고 생각합니다. 여러분의 두뇌를 이용해 상황을 분석하십시오. 무조건 돌진하지 말고 생각을 하십시오. 장애물에 대해 무엇을 해야 할지를 결정했다면, 여러분이 목표를 달성할 가능성이 생기게 되는 것입니다.

27-04

Here we are now entering another new century. I believe humanity during this century has experienced some surprising and great achievements in the fields of technology and science. Then in the meantime, there are other experiences that have been awful. In this century, the greatest number of humanity have been killed through violence, including war and other forms of violence than in any previous century. And I think the ecological damage has been very serious. But through these experiences, humanity is becoming more mature.

I think one indication of that maturity is the evident concern for peace, nonviolence, and human rights. Even in the politicians' statements now, you hear the words "compassion" and "reconciliation." Peace is now becoming more mainstream. I think these are the signs. Everywhere we hear of unhappy things in every part of the world, but if we judge all, I think there are many signs of hope. But in any case, the future of humanity entirely depends on our own shoulders. You have completed a good preparation for a better future. You must have what I call a sense of global responsibility.

Check the Vocabulary

maturity 성숙 | **reconciliation** 화해 | **mainstream** 대세

이제 우리는 곧 새로운 세기를 맞이하게 됩니다. 저는 인류가 지난 세기 동안 기술과 과학 분야에서 매우 놀랍고 위대한 업적을 경험했다고 믿습니다. 그리고 그 와중에 다른 끔찍한 경험도 있었습니다. 지난 세기에 그 전세기보다도 더 많은 수의 인류가 전쟁과 다른 여러 가지 형태의 폭력을 통해 죽음을 당했습니다. 그리고 환경파괴도 심각하다고 생각합니다. 하지만 이러한 경험을 통해서 인류는 더욱 성숙해졌습니다.

저는 평화와 비폭력, 인권에 대한 분명한 염려가 인류가 성숙했음을 드러내 주는 지표 중의 하나라고 생각합니다. 이제 우리는 정치인들의 성명서에서조차 '동정'과 '화해'라는 말을 들을 수 있습니다. 평화가 대세가 되어 가고 있습니다. 바로 이런 것들이 그 징조가 아닌가 합니다. 세계 곳곳에서 불행한 소식이 들려오지만 대체적으로 보아 저는 희망의 징조도 많다고 생각합니다. 하지만 어떠한 경우에도 인류의 미래는 우리 자신의 어깨에 걸려 있습니다. 여러분은 더 나은 미래를 위해 충분한 준비를 마쳤습니다. 여러분은 제가 전지구적 책임감이라고 부르는 것을 갖출 필요가 있습니다.

27-05

I feel an atmosphere of spirituality, of belief, of faith, is also very important. Whether you are a believer or non-believer is up to the individual. It is an individual right. In humanity, however, spirituality with faith is very useful. When we face some problem, the various different religious traditions help us keep our mental peace. Those people who believe, who accept religious value, should implement their faith as part of their daily lives, so that we can really feel the value of a religious tradition — not just on a few occasions in church, when we are not so much affected. Accept religion, and be a sincere practitioner.

Finally, I want to express my deep appreciation and my congratulations to all those students who are receiving degrees and certificates. I think this is the first time in the States I am receiving an honorary degree in an actual ceremony of convocation when the student are also receiving their degrees. So I am particularly happy today. Of course, another factor in my particular joy is that you had to work hard to get it for many years, whereas I didn't have to study at all!

Check the Vocabulary

spirituality 영성 | **practitioner** 실천하고 있는 사람, 개업자

저는 영성과 믿음, 신뢰의 기운도 또한 매우 중요하다고 생각합니다. 믿음을 갖느냐 갖지 않느냐는 개인에게 달려 있습니다. 그것은 개인의 권리입니다. 그런데, 인류에게 있어 신앙를 수반한 영성은 매우 유용합니다. 우리가 문제를 겪을 때, 여러 가지 종교적 전통이 우리의 정신적 평화를 지킬 수 있게 도와줍니다. 종교적 가치를 받아들이고 믿음을 가진 사람들은 자신이 믿는 바를 일상 속에서 실현해야 합니다. 그렇게 해야 교회에 몇 번 가는 것으로는 영향을 받을 수 없는 종교적 전통의 가치를 진정으로 느낄 수 있습니다. 종교를 받아들이고 진심으로 생활화하십시오.

마지막으로, 학위와 졸업장을 받는 학생 여러분에게 깊은 감사와 축하를 드립니다. 미국의 실제 학위수료식에서 학생들과 함께 명예학위를 받는 것은 처음인 것 같습니다. 그래서 오늘 특별히 더 기쁘군요. 물론 제가 즐거운 다른 이유는 여러분이 여러 해에 걸쳐 열심히 공부를 해야 했던 반면 저는 전혀 공부를 하지 않았기 때문이지요!

SPEECH

28

Aung San Suu Kyi's
Bucknell University
Commencement Speech

아웅산 수지의 버크넬 대학교 졸업식 연설

1999년 6월 12일, 버크넬 대학교

아웅산 수지(1945~)

버마의 민주화운동가이다. 버마의 독립운동 지도자인 아웅산의 딸로, 1962년 쿠데타로 권력을 장악한 독재자 네윈의 사회주의에 대항하면서 수년간 망명생활을 하다가 1988년 어머니 병간호를 위해 영국에서 귀국한 후 군사통치에 반대하는 집회에 참여하면서 민주화운동의 지도자로 부상했다.

수지 여사가 주도한 민주화운동은 네윈 장군을 권좌에서 물러나도록 만들었으나 결국 군사정부에 의한 대량학살의 비극으로 끝났으며 수지 여사는 1989년 가택연금에 처해졌다. 1991년 민주화운동의 공적을 인정받아 노벨 평화상을 받았으며 2004년 4월엔 5.18 기념재단이 시상하는 '제5회 광주인권상 수상자'로 선정되었다.

이 연설은 1999년 6월 12일, 미국 펜실베이니아 주 소재 버크넬 대학(Bucknell University) 졸업식에서 행해진 연설이다. 당시 아웅산 수지 여사는 가택연금 중이었기 때문에 전 버마 대사였던 버튼 레빈이 대신 낭독했다.

국립국어원이 1999년 정부언론외래어심의공동위원회에서 결정한 표기법에 따르면 Aung San Suu Kyi 여사의 올바른 한글 표기는 '아웅 산 수 치'다. 또한 Myanmar의 공식 명칭은 미얀마연방공화국(The Republic of Myanmar)이다. 이는 1948년 영국에서 독립하면서 국명을 '버마연방(Union of Burma)'이라 정했지만 1988년 군사정부가 등장해 1989년 6월 '미얀마연방(The Union of Myanmar)'으로 개칭했기 때문이다.

그러나 2013년 1월, 아웅산 수지 여사와 미얀마 민족민주동맹(NLD) 한국지부는 "'아웅 산 수 치'와 '미얀마' 표기법을 각각 '아웅산 수지'와 '버마'로 바꿔 달라"고 요청했다. '아웅산 수지'는 원래 발음에 가깝게 표기해 달라는 것이다. 또한 독재자가 독단적으로 바꾼 국명 대신 기존의 국명인 '버마'를 사용해 달라는 요청이다. 이에 따라 이 스피치에서는 여사의 요청을 존중하여 '아웅산 수지', '버마'로 표기한다.

28-01

It is an honour indeed to have been presented the Award of Merit of Bucknell University and to have been asked to give the commencement address. A university graduation ceremony is a happy event where faculty members, students and their families gather together to celebrate the successful completion of several years of significant academic training. I would like to express my warm congratulations to the faculty members and the graduating students of Bucknell but even as I do so, I cannot but be aware of a sense of irony.

In my own country, Burma, a university degree has become an unattainable dream for the majority of high school graduates. Since 1988 when a spontaneous, nationwide movement for democracy was violently crushed by the military, higher education has been subjected to frequent disruptions. In the latter part of 1996, students of Rangoon University mounted demonstrations to make known their dissatisfaction with the education system. In response, the military regime closed down the universities and today, potential students and their parents still wait, in increasing despair and frustration, for the universities to be reopened. The children of the privileged elite may be able to go abroad to more stable societies for their further studies but for hundreds of thousands of young men and women in Burma, their learning process has been brought to an abnormal, possibly a permanent, halt through no fault of their own.

Check the Vocabulary

crush 진압하다 | **be subjected to** ～을 받다, ～을 당하다 | **disruption** 분열, 붕괴 | **mount** ～을 개시하다 | **through no fault of their own** 그들의 잘못이 없는데도

버크넬 대학으로부터 공로상을 수상하고 졸업연설을 요청받은 것은 저에게 진정 큰 영광입니다. 대학의 졸업식은 교수진과 학생들, 그리고 학생의 가족들이 모여 수년간의 중요한 학문적 훈련을 성공적으로 끝마친 것을 축하하는 자리입니다. 저는 교수진과 졸업생들에게 따뜻한 축하를 전하고 싶지만 아이러니를 느끼지 않을 수 없습니다.

저의 조국 버마에서는 대학 학위가 대부분의 고등학생들에게는 얻을 수 없는 꿈과 같은 것이 되었습니다. 1988년에 일어난 자발적이고 전국적인 민주화운동은 군대에 의해 폭력적으로 진압되었고, 고등교육은 수시로 혼란 상태에 빠졌습니다. 1996년 후반에는 랭군 대학 학생들이 교육체계에 대한 자신들의 불만을 알리려는 데모를 일으켰습니다. 이에 대해서 군부는 대학들을 폐쇄시켰고, 현재 대학에 가기를 원하는 학생들과 그들의 부모들은 절망과 불안 속에서 대학이 다시 문을 열기를 기다리고 있습니다. 기득권층의 자식들은 학업을 위해 더 안정된 사회로 유학을 떠날 수 있지만, 버마에 있는 수많은 젊은 남녀들은 자신의 잘못이 없는데도 비정상적인, 아마도 영구적인 학업 중단 상태를 겪고 있습니다.

Check the Vocabulary

28-02

The closure of the universities of Burma is merely a symptom of a malaise that has turned a country rich in human potential and natural resources into a state that is politically repressed, intellectually impoverished, economically depressed and socially unstable. The root of this malaise is the vastly differing perceptions of the ruling military junta and the people of Burma as to what constitutes freedom and progress.

When the people of Burma called for democracy in 1988, they were expressing their total rejection of the authoritarian rule of the Burma Socialist Programme Party that had dominated the country for nearly three decades. They were asking for the right to shape their own destiny through a government that would be responsible to them in accordance with the democratic tradition. It was for such a government that they were opting when they cast their votes overwhelmingly for the National League for Democracy in the elections of 1990. The military junta ignored the results of the elections as well as their own promises of a peaceful transfer of power and nine years on today, the struggle for the right to life, liberty, security and, particularly on the part of the young, to learning continues in Burma.

 Check the Vocabulary

repress 억압하다 | **impoverish** 가난하게 하다 | **junta** 군사 정부 | **constitute** ~을 구성하다 | **opt** 선택하다, 고르다 | **overwhelmingly** 압도적으로, 대단히

버마의 대학 폐쇄는 인적자원과 자연자원이 풍부한 한 국가가 정치적으로 억압되고 지적으로 빈곤해지며 경제적으로 침체되고 사회적으로 불안정해지는 질병의 한 징후에 불과합니다. 이 질병의 근원은 자유와 진보에 대한 군부와 버마 국민들 사이의 큰 시각 차이에 있습니다.

1988년 버마 국민들이 민주주의를 요구했을 때, 그들은 30년간에 걸친 버마사회주의 계획당의 독재 통치에 대한 전면적인 거부를 표현했습니다. 그들은 민주적 전통에 따라 자신이 책임을 지는 정부를 통해 자신의 운명을 스스로 개척할 수 있는 권리를 요구했습니다. 그들이 1990년 선거에서 민족민주동맹에 다수표를 던진 것은 그런 정부를 원했기 때문입니다. 군부는 평화롭게 권력을 이양하겠다는 자신들의 약속뿐 아니라 선거 결과를 무시했고, 9년이 지난 오늘날 생명, 자유, 안전, 특히 젊은이들의 배움에 대한 권리를 위한 투쟁이 버마에서 계속되고 있습니다.

Is it too much to ask that the young people of Burma should have reasonable access to university education just like millions of their contemporaries all over the world? Article 26 of the United Nations Universal Declaration of Human Rights declares that "everyone has the right to education." It further states that:

"Education shall be directed to the full development of the human personality and to the strengthening of respect for human rights and fundamental freedoms. It shall promote understanding, tolerance and friendship among all nations, racial or religious groups, and shall further the activities of the United Nations for the maintenance of peace."

How could education as understood by the Universal Declaration of Human Rights be possible in a country where fundamental rights and freedoms are suppressed and where the state, which tolerates no difference of opinion, actively promotes xenophobia?

Check the Vocabulary

contemporary 동년배 사람, 동시대 사람 | **tolerance** 관용 | **xenophobia** 외국인에 대한 혐오

버마의 젊은이들이 외국의 다른 젊은이들처럼 대학교육을 받을 수 있는 권리를 가져야 한다고 주장하는 것이 지나친 일인가요? UN 세계인권선언 26조는 다음과 같이 명시하고 있습니다. '모든 사람에게는 교육을 받을 권리가 있다.' 그리고 이어지는 내용은 다음과 같습니다.

'교육은 인간성을 충분히 계발할 수 있고 인권과 근본적인 자유에 대한 존중을 강화하도록 이루어져야 한다. 교육은 국가 간, 인종 간, 종교 간의 이해와 관용, 우정을 증진시켜야 하며 평화 유지를 위한 UN의 활동을 촉진시켜야 한다.'

기본권과 자유가 억압받고 다른 의견을 낼 수 없으며, 외국인에 대한 혐오가 활발하게 촉진되는 이러한 나라에서 세계인권선언에 의거한 교육이 어떻게 가능하겠습니까?

28-04

In countries where the government is held accountable for the well-being and development of the people, the need for an uninterrupted education system is not a political issue. Curricula, academic standards, administration and financing may be open to controversy and debate, and it is only right that it should be so, but the maintenance of a social and political framework within which it is possible for the young to work their way through from elementary school to a university degree without undue hindrance would be considered an amenity so basic that it should not even be necessary for the people to demand it as a right. I would like all those present at this gathering today to cast their thoughts to my country where it is a struggle for children, and their parents, simply to gain access to a reasonable education. I would like them to understand the difficulties of our young people whose intellectual development has been cut off at a crucial stage. As their future is at stake, so is the future of our country at stake.

Check the Vocabulary

accountable for ~에 대해 책임 있는 | **curricula** 교과 과정 | **amenity** 편의시설, 쾌적함 | **at stake** 위기에 처한

정부가 시민의 안녕과 발전에 책임을 지는 국가에서는 방해받지 않는 교육체제에 대한 요구는 정치적 문제가 아닙니다. 교과과정, 학문적 수준, 운영과 자금 조달이 논쟁과 토론에 개방될 수 있으며, 그래야만 옳다고 할 수 있습니다. 하지만 젊은이가 부당하게 방해받지 않고 초등학교에서 대학 학위를 받게 되기까지 자신의 길을 스스로 개척하는 것이 가능한 사회적, 정치적 틀을 유지하는 것이 너무나 기본적인 것으로 간주되어 사람들이 권리로서 요구할 필요조차 없어야 합니다. 저는 오늘 모인 여러분 모두가 아이들과 그 부모들이 단지 적합한 교육을 받고자 하는 것이 투쟁이 되어야 하는 저의 조국에 대한 각자의 생각을 밝혀 주시기를 바랍니다. 저는 여러분이 중요한 시기에 지적능력의 계발이 중단된 우리 젊은이들의 어려움을 이해해 주기를 바랍니다. 그들의 미래가 위기에 처해 있기에, 우리나라의 미래도 위기에 처해 있습니다.

28-05

Education is not simply about academic achievement. As spelled out in the Universal Declaration of Human Rights, it is about understanding, tolerance and friendship, which are the basis of peace in our world. It is the fashion to refer to our age as one where all are engaged in a ratlike scurry for material gain, pushing aside such outmoded concepts as compassion and love of one's fellow human beings. Yet I see again and again proof that these concepts and others which constitute our basic humanity have the strength to overcome our less attractive qualities. The long association between Burma and Bucknell, covering one hundred and forty years, is proof that there remain such constant values as friendship and love of learning, values which have served to preserve the ties between a university in the United States and a country in Southeast Asia for over a century despite the vicissitudes of internal politics and international relations.

Check the Vocabulary

scurry 종종걸음 | **material gain** 물질적인 이득 | **outmoded concept** 낡은 생각 | **vicissitude** 변화, 변천

교육은 단순한 학문적 성취가 아닙니다. 세계인권선언에서 밝히고 있듯이, 교육은 세계 평화에 가장 기본적인 요소라 할 수 있는 이해와 관용, 우정에 관한 것입니다. 오늘날에는 모두 쥐처럼 물질적인 이득을 얻기 위해 종종걸음하기 바빠서 동료에 대한 연민과 사랑을 품는 것이 낡은 생각이라고 치부하고 밀쳐내는 것이 유행입니다. 하지만 저는 기본적인 인간성을 구성하는 관념들이 우리들이 지닌 약점을 극복하는 힘을 지니고 있음을 입증하는 증거들을 계속해서 목격합니다. 140년간에 걸친 버마와 버크넬 대학의 오랜 협력은 우정과 학문에 대한 사랑과 같은 불변의 가치가 존재함을, 국내정치와 국제관계의 변화에도 불구하고 미국의 한 대학과 동남아시아의 한 국가 사이에 한 세기가 넘는 관계를 유지하도록 하는 가치들이 존재함을 입증하는 증거입니다.

28-06

Bucknell has demonstrated its friendship for Burma in the best possible way, by seeking to promote a better understanding of our country, its peoples, history, culture, politics and contemporary problems. It is only through understanding that we can appreciate and help one another, that we can reach out across geographical and cultural divides to establish a fruitful partnership. I am confident that one day the people of Burma too will have the opportunity to make their own contributions towards mutual respect and understanding between the different peoples of the earth. In the meantime, I hope that those of my countrymen and women who are present among the audience today will be able to demonstrate to the world that they are united in the effort to make Burma a peaceful and truly progressive society built on a commitment to tolerance, compassion and justice, a society where liberty and learning can flourish.

May I conclude by thanking the president and faculty members of Bucknell University for the great honour they have done me and by expressing my conviction that the historic Burma-Bucknell partnership will gain in strength and beauty with the passing years.

Check the Vocabulary

divide 분열 | **flourish** 번창하다 | **conviction** 확신, 신념

312

버크넬 대학은 우리나라와 그 국민, 역사, 문화, 정치와 현안 문제들에 대한 더 나은 이해를 증진시키려 노력함으로써, 버마에 대한 우정을 가능한 한 가장 바람직한 방식으로 보여 주었습니다. 우리가 서로를 인정하고 돕는 것, 우리가 지리적·문화적 차이를 넘어 알찬 협력관계를 갖는 것은 오직 이해를 통해서만 가능합니다. 저는 언젠가 버마 국민들 또한 지구상의 다른 민족들 간의 상호 존중과 이해에 기여할 수 있는 기회를 얻을 것이라고 확신합니다. 한편으로, 저는 오늘 참석한 분들 중 버마인이 계시다면 세계를 향해 여러분이 버마를 관용과 연민, 정의에 대한 헌신에 기반을 둔, 자유와 학문이 번창하며, 평화롭고 진정으로 발전하는 사회로 만들기 위해 단결하여 노력하고 있음을 드러내 주실 수 있기를 바랍니다.

버크넬 대학의 총장님과 교수진에게 이러한 큰 영광을 주신 점 감사드리며, 미얀마와 버크넬 대학 간의 오랜 협력관계는 시간이 지날수록 더 강해지고 아름다워질 것임을 확신하며 이만 마치고자 합니다.

Check the Vocabulary

Gloria Steinem's Tufts University Commencement Speech

글로리아 스타이넘의 터프츠 대학교 졸업식 연설

1987년 5월 17일, 터프츠 대학교

글로리아 스타이넘(1934~)

글로리아 스타이넘은 여성운동가이자 언론인으로, 미국 페미니즘운동을 대표하는 인물이다. 오하이오 주 톨레도에서 태어난 글로리아 스타이넘은 1956년 스미스 대학 정치학과를 졸업한 뒤 『에스콰이어』, 『보그』, 『코스모폴리탄』 등의 필자나 편집자로 일했고 방송작가, 모델로도 활약했다.

1960년대 흑인의 시민권 보장, 베트남전 반대 등 다양한 주장을 폈으나 1970년대 이후엔 여성문제에 집중했다. 1963년에 뉴욕의 플레이보이 클럽에 바니걸로 위장 취업해 착취와 매춘에 시달리던 바니걸의 실상을 기사화하여 명성을 날리게 되었다. 1972년 진보적 여성주의 잡지 『미즈』를 창간했으며 여성의 의회진출운동, 인종과 계층을 넘어선 여성연대운동 등을 펼쳤다. 창간호에서 자신의 임신중절 사실을 공개하면서 '출산의 자유'와 '선택의 자유'를 천명했다. 1974년에는 여성노조연합회를 공동 창설했으며, 1977년에는 텍사스 휴스턴에서 열린 전국여성회의에 참석했다. 1991년 『미즈』가 재창간되었을 때 컨설팅 에디터로 일했으며 1993년에는 미국 여성 명예의 전당에 헌액되기도 했다.

29-01

Thought 7: Don't forget to give at least ten percent of everything you earn to social change. It's the best investment you'll ever make. Possessions can be lost, broken or begin to possess you. Indeed, if you're really happy in your life and work, you won't have that much time to shop and buy and re-buy and repair anyway. The money you save may not be worth that much tomorrow. Insurance companies may cancel your policies. Tithing is the pioneer example and the religious example. Helping others is the only way to be sure there will be someone there to help you.

Finally, the last thought and an organizing principle of this list of I-wish-I-had-knowns: the reason why acting on such thoughts is timely and vital right now.

Economists are warning, and politicians are fearing, that this nation is at the end of its economic expansionist period. There are now other countries that can compete or even outstrip us in productivity. For the first time, 80 percent of Americans have not increased their real buying power in the last ten years, and many young people will not do as well in conventional economic terms as their parents.

Check the Vocabulary

act on ~에 따라 행동하다 | **timely** 시기적절한 | **outstrip** ~을 능가하다

일곱 번째 생각: 사회적 변화로 얻는 것의 어떤 것이든 그 10%를 남에게 주는 것을 잊지 마십시오. 그것은 여러분이 할 수 있는 최고의 투자입니다. 소유한 것은 잃거나 부서지거나, 아니면 그것이 당신을 소유할 수 있습니다. 사실, 만약 당신의 삶과 일이 진정으로 여러분을 행복하게 한다면, 여러분은 물건을 수도 없이 사고 또 고치는 데에 소모할 시간이 그렇게 많지 않을 것입니다. 여러분이 절약한 돈이 내일은 그렇게 가치 있는 게 아닐지도 모릅니다. 보험 회사들은 당신의 보험증권을 취소할지도 모릅니다. 십일조는 개척시대의 사례이자 종교적인 사례입니다. 타인을 돕는 것은 나를 돕는 누군가가 있다는 것을 보증해 주는 유일한 방법입니다.

마지막으로, 마지막 생각이자 내가 예전에 알았으면 좋았을 것들을 지배하는 법칙은 다음과 같습니다: 지금까지의 생각들을 바탕으로 행동하는 것은 바로 지금이 시기적절하고 중요하다는 것.

경제학자들은 경고하고 정치가들은 두려워합니다. 바로 우리나라가 경제적 확장기의 마지막에 와 있다는 사실을 말입니다. 이제는 생산성에서 우리와 경쟁할 수 있거나 심지어는 능가하는 나라들이 있습니다. 처음으로 미국인의 80%가 지난 10년간 실질 구매력이 증가하지 않았습니다. 그리고 많은 젊은이들은 전통적인 경제적 관점에서 그들의 부모 세대처럼 풍요롭지 못할 것입니다.

Check the Vocabulary

Most authorities see this as a time of danger — and that is true. Energies deflected from earning more and buying more could cause us to fly apart politically.

But this is also an opportunity to make real changes in our lives and in our country.

It is time for America to become known for the quality of life as well as the quantity of goods.

It is time to carry out the greatest mission and legacy of our culture: that we are the world's biggest experiment in multi-cultural and multi-racial living. Our fragile planet needs to learn exactly this lesson of cherishing each other's differences. This campus is imperfect, but it is far better than the world outside it, and the world could be much more like it — with politicians as open to visitors as are the deans in the hall I face; women heading newspapers and governments as they do here, and commitment to mutual support and non-violence.

Check the Vocabulary

deflect 빗나가게 하다, 빗나가다 | **fragile** 취약한, 깨지기 쉬운 | **cherish** 소중히 여기다

많은 전문가들은 위험한 시기라고 말합니다. 그리고 이것은 사실입니다. 더 많이 벌고 더 많이 구매하는 것으로 인해 방해받은 에너지는 우리를 정치적으로 뿔뿔이 흩어지도록 할 수 있습니다.

하지만 이는 우리의 삶과 우리나라에 진정한 변화를 가져올 수 있는 기회이기도 합니다.

지금은 미국이 재화의 풍부함과 더불어 삶의 질로서도 유명한 나라가 될 수 있는 기회입니다.

우리의 문화에 있어 위대한 임무와 유산을 실행할 수 있는 기회입니다. 우리나라는 세계에서 가장 큰 다문화와 다인종적 생활의 실험장입니다. 우리가 사는 상처 입기 쉬운 행성에서는 타인의 다른 점을 포용하는 이 가르침을 배울 필요가 있습니다. 이 학교는 불완전합니다. 하지만 바깥 세계보다는 훨씬 낫습니다. 그리고 세계는 이곳과 훨씬 유사하게 될 수 있습니다. 이곳 학장님들처럼 정치인들이 기꺼이 방문자들을 만나고, 이곳에서처럼 여성의 이름이 신문 1면이나 정부 요직에 오르내리고, 서로에 대한 지지와 비폭력에 대한 헌신이 보이는 곳으로 말입니다.

Check the Vocabulary

SPEECH

30

Kofi Atta Annan's MIT Commencement Speech

코피 아난의 MIT 졸업식 연설

1997년 6월 6일, MIT

코피 아난(1938~)

가나의 외교관으로서 1997년 1월에서 2007년 1월까지 두 차례의 5년 임기를 통해 제 7대 UN 사무총장으로 활동했다. 2001년에는 노벨 평화상을 수상했다.

1938년 아프리카 가나의 쿠마시(Kumasi)에서 태어난 코피 아난은 1961년 미 미네소타 주 세인트 폴 소재 매컬레스터 대학(Macalester College)에서 경제학을 전공한 후 스위스 제네바 국제관계대학원을 수료하였고, 미 매사추세츠 공대(MIT) 경영학 석사과정을 마쳤다.

1962년 세계보건기구(WHO)의 행정 및 예산담당 직원으로 UN과 첫 인연을 맺은 뒤 UN난민고등판무관실(UNHCR) 행정부국장, UN 예산국장, 인사관리담당 사무총장보, 계획 · 예산 및 재무담당 사무총장보 등 요직을 두루 거쳤다. 1996년 10월 17일 UN 사무총장이 되었다. 취임 후 '개혁총장'이라는 별명을 들으며 UN 사무국 내의 1,000여 개 직책을 폐지하고 대폭적인 기구의 통폐합을 내용으로 하는 제1차 UN개혁안을 내놓았다. 2001년 6월에는 안보리가 코피 아난의 UN 사무총장 연임을 승인하였다. 2001년 UN과 공동으로 세계평화에 기여한 공로가 인정되어 현역 UN 사무총장으로는 처음으로 노벨 평화상을 수상했다.

이 연설은 그가 UN 사무총장이 된 해인 1997년 6월 6일, 미 매사추세츠 공과대학교(Massachusetts Institute of Technology, MIT)에서 행한 졸업축사이다.

30-01

Walking along the Charles River one day, in the middle of my first term, I reflected on my predicament. How could I survive, let alone thrive, in this group of over-achievers? And the answer came to me most emphatically: Not by playing it according to their rules. "Follow your own inner compass," I said to myself, "listen to your own drummer." To live is to choose. But to choose well, you must know who you are, what you stand for, where you want to go and why you want to get there. My anxieties slowly began to dissolve.

What I took away from MIT, as a result, was not only the analytical tools but also the intellectual confidence to help me locate my bearings in new situations, to view any challenge as a potential opportunity for renewal and growth, and to be comfortable in seeking the help of colleagues, but not fearing, in the end, to do things my way.

Check the Vocabulary

predicament 곤경 | **let alone** ~은 물론 | **emphatically** 단호하게 | **dissolve** 소실되다, 없어지다 | **bearing** 위치, 방향

첫 시험기간 중인 어느 날엔가 찰스 강을 따라 걷고 있는데, 마침 저는 저의 어려운 상황을 생각했습니다. 이렇게 뛰어난 녀석들 사이에서 성공하는 건 둘째 치고 어떻게 해야 살아남을 수 있을까? 그리고 그에 대한 대답은 매우 단호하게 저에게 돌아왔습니다. 그들의 규칙에 따라 행동하지 마라. '너 안에 있는 나침반을 따라가라.' 저는 자신에게 말했습니다. '마음속의 북소리에 귀를 기울여라.' 산다는 것은 선택하는 것입니다. 하지만 잘 선택하기 위해서 여러분은 자신이 누구인지, 무엇을 위해 살며 어디로 가고 싶어 하는지를, 그리고 왜 자신이 그곳에 가고 싶어 하는지를 알아야 합니다. 저의 불안한 마음은 천천히 사라졌습니다.

그 결과 저는 MIT에서 분석적 도구만이 아니라 지적인 확신도 얻었는데, 이 확신은 새로운 환경에서 저의 위치를 정확히 찾을 수 있게 하고, 어떤 어려움도 부활과 발전을 위한 잠재적인 기회로 보도록 하며, 동료들의 도움을 얻는 데 두려워하지 않고 편안함을 느끼게 하여, 결론적으로 모든 일을 저의 방식으로 하도록 하였습니다.

30-02

When the world thinks of MIT alumnae and alumni who have gone on to assume positions of visibility in their respective fields, as so many have, it correctly imagines Nobel laureates in physics, chemistry and economics, or business tycoons, or engineers improving our daily lives in countless ways. But a Secretary General of the United Nations? That's hardly the first answer anyone would blurt out on a TV quiz show!

And yet, it is not as much of a stretch as it may seem at first. For the ethos of science and engineering shares deep and profound similarities with the twentieth century project of international organization. Science and international organization alike are constructs of reason, engaged in a permanent struggle against the forces of unreason. Science and international organization alike are experimental; both learn by trial and error and strive to be self-correcting. Lastly, science and international organization alike speak a universal language and seek universal truths. Allow me to expand briefly on each of these features of the project of international organization.

Check the Vocabulary

alumnae 여자 졸업생들 | **laureate** 수상자 | **tycoon** 거물 | **blurt out** 불쑥 말하다 | **ethos** 특질, 정신

세계인들이 그들 각자의 분야에서 눈에 띄는 위치에 오른 MIT 동문들에 대해 생각할 때 물리학이나 화학, 경제학 분야의 노벨상 수상자나 기업계의 거물을 상상할 것입니다. 아니면 우리 삶의 여러 부분을 향상시키는 기술자를 상상하겠지요. 그런데 UN의 사무총장이라니? TV 퀴즈 프로그램이었다면 쉽게 대답하기 힘든 문제가 되었을 것입니다.

하지만 이것은 보이는 것처럼 그렇게 이상한 것이 아닙니다. 과학과 기술의 정신은 20세기의 국제기구 계획과 깊고 심오한 유사성을 공유하고 있기 때문입니다. 과학과 국제기구 양자는 모두 이성적인 구조물이며, 비합리성의 힘과 끝없는 투쟁을 벌인다는 점에서 동일합니다. 과학과 국제기구 모두 실험적인 성격을 지니고 있습니다. 둘 다 시행착오를 통해 배우며 자기 교정을 하려고 노력합니다. 마지막으로 과학과 국제기구는 보편적인 진리를 추구하며 보편적인 언어로 이야기합니다. 국제기구 계획의 이러한 특성들에 대해 약간 더 언급하겠습니다.

Check the Vocabulary

30-03

I begin with the struggle between reason and unreason. When the history of the twentieth century is written, this struggle will figure very prominently in it. On the plane of international affairs, the outbursts of unreason in this century surpass in horror and human tragedy any the world has seen in the entire modern era. From Flanders' fields to the Holocaust and the aggressions that produced World War II; from the killing fields of Cambodia and Rwanda to ethnic cleansing in Bosnia; from the twenty-five million refugees who roam the world today to untold millions, many of them children, who die the slow death of starvation or are maimed for life by land-mines — our century, even this generation, has much to answer for.

But we have also managed to build up the international edifice of reason. By deliberate institutional means, we have better positioned humankind to cope with pressing global problems.

Measures to enhance peace and security rank among these accomplishments. As the twentieth century draws to a close, we can take pride in numerous advances in, for example, the area of arms control and disarmament. Perhaps the bedrock is the Nuclear Non-Proliferation Treaty, in force for nearly three decades now. Negotiated through the United Nations and monitored by one of its Agencies, the N.P.T. has more adherents than any arms control treaty in history.

Check the Vocabulary

figure 나타나다 | **outburst** 분출 | **era** 시대 | **ethnic cleansing** 인종 청소 | **untold** 막대한 |
maim 불구로 만들다, 손상하다 | **edifice** 체계, 건물 | **deliberate** 고의적인

326

이성과 불합리 사이의 투쟁에 대해서 먼저 말하겠습니다. 20세기의 역사가 기록될 때 이 투쟁이야말로 매우 두드러지게 나타날 것입니다. 국제 정세의 측면에서 볼 때, 이번 세기의 비합리성의 분출은 공포와 인간적 비극이라는 면에서 현대의 모든 시대를 능가합니다. 제1차 세계대전이 벌어진 플랑드르 벌판, 홀로코스트, 제2차 세계대전을 가져온 침략행위들, 캄보디아와 르완다의 킬링필드와 보스니아에서 벌어진 인종청소, 지금도 세계 도처를 떠도는 2,500만의 난민들, 기아로 천천히 죽음을 맞이하고 지뢰로 인해 평생을 불구로 살아가는 수백만의 어린이들. 우리가 사는 이 세기, 우리 세대는 책임을 져야 할 많은 문제를 안고 있습니다.

하지만 우리는 또 한편으로 이성의 국제적 체제를 건설했습니다. 계획적인 제도적 조치를 통해 우리는 인류가 심각한 국제적 문제들에 대처하도록 하였습니다.

이러한 성과에 대해 평화와 안전의 수준을 향상시키기 위한 조치들이 있습니다. 20세기의 끝이 다가오는 이때, 예를 들자면 우리는 군비규제와 군비축소의 영역에서 많은 진전이 있었음에 자부심을 가질 수 있습니다. 아마도 그 근저에는 거의 30년 전부터 효력을 발휘하고 있는 핵확산금지조약(NPT)이 있을 것입니다. 유엔에 의해 교섭되고 UN 산하 기구가 감시 임무를 맡는 NPT는 역사상의 그 어떤 군비통제조약보다도 많은 지지자를 보유하고 있습니다.

Check the Vocabulary

draw to a close 만료가 가까워지다 | **in force** 시행 중인, 발효되어 | **adherent** 지지자